AF393134

FSC
www.fsc.org
MIX
Papier aus ver-
antwortungsvollen
Quellen
Paper from
responsible sources
FSC® C105338

Ingo A. Schulz

Das China-Syndrom

Woran krankt unser System?
Eine schonungslose Gesellschaftskritik

Ein Interview

Am Interview beteiligte Personen:

Ein Neugieriger (nicht Sensationsgieriger) sucht nach Antworten.

Ein Gegenläufer (nicht Mitläufer) redet Tacheles.

Bibliografische Information der Deutschen Nationalbibliothek:
Die Deutsche Nationalbibliothek verzeichnet diese Publikation in der
Deutschen Nationalbibliografie; detaillierte bibliografische Daten sind
im Internet über http://dnb.dnb.de abrufbar.

Herstellung und Verlag: BoD – Books on Demand, Norderstedt

ISBN: 9783755701859

Inhalt

Der Staat

Lassen Sie uns mit dem Staat ganz allgemein beginnen. Im Gegensatz zu manch anderen Ländern leben wir ja zum Glück in einer Demokratie. Wird diese auch in Zukunft Bestand haben oder ist sie eher gefährdet?

Ich sage es mal so: Sie stößt mehr denn je an ihre Grenzen. Nach dem Zweiten Weltkrieg war die Lage eine andere. Diejenigen, die das Inferno überlebt hatten, waren zunächst mal mit der Frage beschäftigt, wie es in Zukunft weitergehen würde. Die neue Freiheit war da allenfalls ein Symbol der Hoffnung. Heute stelle ich fest, dass die Freiheit als Narrenfreiheit verstanden wird. Jeder Idiot glaubt, er kann tun und lassen was er will. Hier ist der Staat gefordert, diesem Teil der Gesellschaft die Grenzen aufzuzeigen.

Der Regierung kann man nicht mal Vorwürfe machen. Sie appelliert ja immer wieder an die Vernunft der Bürger.

An die Vernunft appellieren kann man nur, wenn das Hirn intakt ist.

Der größte Teil der Bevölkerung ist vernünftig. Das zeigen Umfragen und Leserbriefe immer wieder.

Das mag schon sein. Was mich stört, ist die Passivität der staatlichen Organe gegenüber solchen Chaoten. Es wird einfach zu viel geredet und zu wenig gehandelt. Wer sich nicht an die Gesetze hält, muss entsprechend bestraft werden. Und sei es zunächst nur verbal.

Die Gesetzeshüter bzw. -vertreter können denen ja schlecht sagen, dass sie ihr Hirn mal einschalten sollten.

Weshalb nicht? Solche Leute verstehen nur diese Sprache. Aber vor allem die Politiker scheuen die Konfrontation. Die könnte ja Wählerstimmen kosten.

Da wir schon mal beim Wähler sind. Mit dessen Verhalten sind sie auch nicht immer einverstanden. Oder?

Ja und nein. Die Antwort lautet ja, soweit es sich um Tradition oder Überzeugung handelt. Wenn Wähler mit einer Partei über Jahre hinweg gute Erfahrungen gemacht haben, sind sie schwer davon zu überzeugen, dass plötzlich eine andere Partei besser sein sollte, nur weil der neue Kandidat der bevorzugten Partei über weniger Ausstrahlung verfügt. Noch besser fände ich allerdings eine Wahl aus Überzeugung. Wenn erkennbar ist, dass eine andere Partei ein besseres Programm zu bieten hat, das stärker auf die Bewältigung zukünftiger Herausforderungen ausgerichtet ist, sollten Wähler den Mut zu einem Parteienwechsel aufbringen. Ob die versprochenen Neuerungen tatsächlich eingehalten werden, ist wieder eine andere Sache.

Und nein?

Nein, ich habe kein Verständnis, wenn ein Wähler eine Partei nur aus Protest wählt. Noch dazu, wenn deren demokratisches Verständnis eher angezweifelt werden muss. Dann wäre ein Verzicht auf die Wahl die bessere, weil weniger schädliche Alternative für unsere Demokratie. Und ich habe erst recht kein Verständnis, wenn sich Wähler von Populisten manipulieren lassen, anstatt das Hirn einzuschalten. Das hatten wir alles schon mal. Sehen Sie? Und prompt sind wir wieder bei den Hirnlosen angelangt. Die sterben leider nicht aus.

Aber selbst dann, wenn sich die überwiegende Mehrheit für die gemäßigten Parteien entschieden hat, können Sie deren Kritik an manchen Entscheidungen nicht ausschließen. Haben Sie dafür Verständnis?

Da muss ich wieder mit ja und nein antworten. Ja, ich habe dafür Verständnis, soweit es sich um konstruktive Kritik handelt. Man muss als Bürger nicht zu allem Ja und Amen sagen. Vor allem dann nicht, wenn sich abzeichnet, dass die zu erwartenden Nachteile die vorausgesagten Vorteile überwiegen werden. Als gutes Beispiel bietet sich die Pkw-Maut an, wo Steuergelder sinnlos verbrannt worden sind. Für ein klares Nein plädiere ich, wenn es um notorische Neinsager geht. So nach dem Motto: Ich bin im Prinzip dafür, dass ich dagegen bin. Oder: Was interessiert mich mein Geschwätz von gestern. Hier ist die Corona-Pandemie ein passendes Beispiel. Hätten Politiker und Wissenschaftler rigorose Maßnahmen gescheut und die Lage wäre außer Kontrolle geraten, hätte es einen Aufschrei der Empörung gegeben. Nun haben die Verantwortlichen aber reagiert und mussten sich dennoch von intellektuell retardierten Querdenkern anpöbeln lassen, die noch dazu das Infektionsrisiko leugneten und aus Protest auf die Schutzmaßnahmen verzichteten. Dass das ständige Auf und Ab der Maßnahmen, nur um es allen recht zu machen, am Ende viele Bürger verunsichert hat, lasse ich an dieser Stelle mal außer Acht.

Bleiben wir bei der Meinungsfreiheit. Ist diese nun grundsätzlich ein wichtiger Teil der bürgerlichen Freiheit oder sehen Sie eher die Gefahr der von Ihnen zitierten Narrenfreiheit?

Das kommt auf die Art und Weise an, in der eine Meinung vertreten wird. Wenn ein bestimmter Zustand mit sachlichem Pro und Contra erörtert wird, ist das in Ordnung. Die

Narrenfreiheit fängt für mich dort an, wo über eine Sachlage Lügen verbreitet werden oder gar eine Hetzkampagne veranstaltet wird.

Bei Letzterem kann ich Ihnen nur zustimmen. In Ländern wie China ist aber auch Ersteres nicht immer erwünscht.

Das kann man so nicht sagen. Ich war selbst in China. Der staatliche Reiseführer zum Beispiel antwortete auf meine Fragen erstaunlich ehrlich. Das Massaker auf dem Tian'anmen-Platz fand er völlig überzogen, begründete dies aber mit der Angst vor Massenansammlungen, die außer Kontrolle geraten könnten. Hingegen sah er keine Probleme bei Beschwerden einzelner Bürger. Die Behörden würden nicht anders reagieren als bei uns. Die einen gingen der Sache nach, die anderen eher nicht. Probleme entstünden erst, wenn ganze Horden auf die Straße gingen. Vor allem, wenn Einzelne versuchten, die Massen mit Parolen gegen den Staat aufzuwiegeln. Die Partei würde dann eine über das ganze Land schwappende Welle des Aufstands befürchten, die nicht mehr kontrollierbar wäre. Bei eineinhalb Milliarden Bürgern eine durchaus verständliche Reaktion.

O.k., das kann schon sein. Und doch hört man hier und da von Kritiken einzelner Bürger, die unangenehme Folgen haben können.

Davon hört man auch in der Türkei. Aber die gehört ja zu den Verbündeten. Da wird mit zweierlei Maß gemessen. Nach dem Motto: Wenn zwei das Gleiche tun, ist das noch lange nicht Dasselbe. Bedenklich ist vor allem die Tatsache, dass nicht das dort ansässige Volk mit Mehrheit die Regierung gewählt hat, die heute die Rechte der Bürger beschneidet, sondern die Auslandstürken, die ihren Landsleuten damit in den Rücken gefallen sind, während sie bei uns

alle Freiheiten genießen. Das Demonstrationsrecht, das in
der Türkei gewaltsam verhindert wird, inbegriffen.

*Das heißt, auch Sie halten das Demonstrationsrecht durchaus für ein
legitimes Instrument unserer Demokratie. Oder?*

Ja, soweit die Demonstrationen friedlich verlaufen. Aber
das ist leider selten der Fall. Meistens werden die
Zusammenkünfte für Randale und Vandalismus miss-
braucht. Das Recht auf persönliche Freiheit darf nicht so
weit gehen, dass Chaoten Polizisten mit allen erdenklichen
Gegenständen bewerfen und verletzen, Autos unbeteiligter
Anwohner in Brand stecken und Geschäfte plündern dürfen. Diese Vollidioten sollten nicht zu Gefängnisstrafen,
sondern zu Arbeiten unter strenger Aufsicht verdonnert
werden, um die angerichteten Schäden ersetzen zu können.
Falls die Justiz in solchen Fällen nicht hart genug durch-
greift und die Geschädigten im Regen stehenlässt, würde
ich empfehlen, die Richter, die das Versammlungsverbot
einer Kommune trotz der zu erwartenden Krawalle aufge-
hoben haben, persönlich zur Kasse zu bitten. Und nicht die
Justizbehörde, was zu Lasten des Steuerzahlers ginge.

Das wird man nicht gern hören.

Natürlich nicht. Aber einer muss ja mal die Wahrheit sagen.
Ich bin zwar ein friedlicher Bürger. Aber den Mund lasse
ich mir nicht verbieten, solange ich den Eindruck habe,
dass auch bei uns einiges im Argen liegt.

*Dann haben Sie gewiss auch nichts gegen Überwachungsmaßnahmen
wie die Installation von Videokameras, um Gewalttäter überführen
zu können.*

Absolut nicht. Vor allem in Problemvierteln und an besonderen Brennpunkten sind sie unentbehrlich. Nur wer was zu verbergen hat, wird gegen diese Art von Überwachung Einwände haben.

Ich denke, es gibt mehr Befürworter als Sie glauben.

Das glaube ich nicht nur. Das weiß ich. Aber es gibt ebenso viele Skeptiker. Doch deren Kritik basiert meist auf Argumenten. Denn Missbrauch kann mit jeder beliebigen Kamera betrieben werden. Das betrifft auch andere Bereiche des Lebens. Mit einem Küchenmesser kann genauso viel Schaden angerichtet werden. Was mir kolossal auf die Nerven geht, sind die penetranten Neinsager, die vor lauter Fanatismus selbst vor Gewaltanwendung nicht zurückschrecken, um ihre wirren Gedankengänge zu rechtfertigen.

Wenn wir schon von Sicherheit sprechen. Wie stehen Sie zum Datenschutz?

Eher negativ. Gerade in der heutigen Zeit, in der sich alle im Internet tummeln und allein schon aus Gründen persönlicher Eitelkeit alle Informationen preisgeben, betrachte ich das Ganze eher als eine Farce. Akzeptieren kann ich den Datenschutz bei vertraulichen Informationen. Daten, die zum Beispiel nur für den Hausarzt und die Krankenversicherung bestimmt sind, gehen sonst niemand etwas an. Auch über Angaben zu Vermögen und Schulden darf nur die Hausbank verfügen. Es sei denn, Auskunfteien benötigen Informationen zwecks Bonitätsprüfung.

Wo sehen Sie den Datenschutz als Hindernis?

Bei der Möglichkeit, auf Informationen über Kriminelle zugreifen zu können. In den USA gibt es zum Beispiel ein Register, in dem sich Vermieter über zahlungsunwillige Mieter oder Mietnomaden erkundigen können. Die bekommen so schnell keine Wohnung mehr und müssen fortan auf der Straße oder im eigenen Auto leben. Bei uns haben diese Typen einen Freibrief für ihre kriminellen Machenschaften. Das heißt, sie zahlen keine Miete und sobald gegen sie ermittelt wird, verschwinden sie einfach und lassen sich woanders nieder, wo die krumme Tour von Neuem beginnt. Auf diese Weise werden Vermieter reihenweise um vier- bis fünfstellige Beträge geschädigt und müssen dann zusätzlich noch Anwalts- und Gerichtskosten aufbringen, um am Ende mit leeren Händen da zu stehen, weil die Übeltäter nicht auffindbar oder zahlungsunfähig sind. Und dieser Prozess spielt sich dann unter der Bezeichnung Rechtsstaat ab.

Von unserem Rechtsstaat halten Sie wohl nicht allzu viel?

So ist es. Ich war schon selbst ein halbes Dutzend Mal der Dumme. Als ich beim letzten Mal die Nase voll hatte und Anzeige erstatten wollte, hieß es, dieses Vorgehen sei bekannt, könne aber infolge immer häufigeren Auftretens kaum noch verfolgt werden. Mit anderen Worten: Der Rechtsstaat kapituliert vor den Betrügern. In China landet dieses Gesindel nicht nur, wie in den USA, auf der Straße oder im eigenen Auto, sondern im Knast. Bei uns hingegen haben die Geschädigten das Nachsehen und enden, vor allem wenn die Miete Teil ihrer Altersversorgung ist, im Ruin.

Ich kann Ihren Zorn verstehen.

Ich frage Sie, was ist das für ein Rechtsstaat, in dem der Täter, zum Beispiel ein Killer, mit allen Mitteln geschützt wird, damit ihm ja kein Haar gekrümmt wird, während das Opfer bzw. die Angehörigen eines Opfers im Stich gelassen werden und beim Weißen Ring um Unterstützung bitten müssen?

Mit dem Schutz des Täters soll ja vermieden werden, dass dieser schon vor dem Prozess vorverurteilt wird. Der Rechtsstaat will ihm ein faires Verfahren bieten.

Wie großzügig. Für den Straftäter ist der Rechtsstaat ja auch das Paradies, für das Opfer eher ein Alptraum. Was ist das für ein Rechtsstaat, der die Anwesenheit von für gefährlich gehaltenen Islamisten duldet, während eingebürgerte Migranten, die in der Gesellschaft volle Unterstützung genießen, mit Gestapo- bzw. Stasi-Methoden wie Schwerverbrecher nachts aus den Betten geholt und sofort ausgewiesen werden?

Das stößt auch bei mir auf Unverständnis.

Was ist das für ein Rechtsstaat, in dem Steuerhinterzieher zwar zu Recht ins Gefängnis wandern, Steuerverschwender aber ungeschoren davonkommen? Im Extremfall wie dem Maut-Skandal bleibt der verursachende Minister zum Dank sogar noch im Amt. In Frankreich hingegen wird selbst ein ehemaliger Präsident zur Rechenschaft gezogen. Deutschland ist in der Tat ein armseliger Rechtsstaat. Unsere Demokratie könnte ich, trotz mancher Schwachstellen, weiterempfehlen. Unseren Rechtsstaat, ein Paradies für Kriminelle, auf gar keinen Fall.

Die Kirche

Kommen wir nun zu den Kirchen bzw. Religionen. Ein Schwerpunkt ihrer Arbeit liegt im sozialen Bereich. Wo die staatliche Unterstützung ausbleibt, ist deren Hilfe umso gefragter. Allerdings gibt es auch Kritikpunkte, was die praktische Umsetzung der Lehre fast aller Konfessionen betrifft.

In der Tat. In fast allen Religionen haben zum Beispiel Frauen theoretisch einen höheren Stellenwert, als er ihnen in der Praxis zuerkannt wird. So werden sie zum Beispiel von konfessionsinternen Ämtern ferngehalten, obwohl in den heiligen Schriften nichts dergleichen erwähnt wird.

Das betrifft vor allem die konservativen Kreise. In der Bahai-Religion und dem Buddhismus, bei den liberalen Juden, in den gemäßigten muslimischen Ländern und bei den Protestanten sind Männer und Frauen auch in der Religionsausübung weitgehend gleichberechtigt.

Das stimmt. Das hängt aber mit der höheren Bildung zusammen. Je dümmer die Leute sind, desto mehr profitieren die konservativen Kräfte. Bildung wird dort als Gefahrenquelle betrachtet. Und da müssen wir nicht gleich an die orthodoxen Juden, die konservativen Muslime und die Hindus denken. Ein Blick auf die katholische Kirche genügt, um nicht nur die Rückständigkeit dieser Institution in punkto Frauenbeteiligung am Gottesdienst zu erkennen. Ganz offensichtlich hält sie vom weiblichen Geschlecht nicht allzu viel.

Ich sage es mal so: Zumindest hat es den Anschein, dass der Stellenwert der Frau als eher gering eingeschätzt wird.

So kann man das auch formulieren. Aber zum Glück leben wir in Europa und nicht im Jerusalemer Viertel Mea Shearim, in Saudi-Arabien oder im Süden Indiens. Und genau das ist das Problem. Die Katholiken hierzulande glauben nicht mehr alles, was ihnen die Kirche vorgaukelt. Bedauerlich ist nur, dass sie das noch nicht erkannt hat. Und ich befürchte, dass auch das Projekt Maria 2.0 nichts daran ändern wird.

Was meinten Sie eigentlich mit Ihrer Bemerkung ‚nicht nur Rückständigkeit in punkto Frauenbeteiligung am Gottesdienst‘?

Damit meinte ich, dass die katholische Kirche selbst im Umgang mit Menschen ganz allgemein im Mittelalter hängengeblieben ist. Damals erhielten die Hexenverbrennungen den Segen der Kirche. Heute ist es der Missbrauch von Kindern in katholischen Bildungseinrichtungen. Und niemand will etwas davon gewusst haben. Amen.

Ihre Einstellung gegenüber den Religionen ist nicht gerade positiv. Nehmen Sie diese überhaupt ernst?

Nein. Ich bin zwar kein Atheist. Denn ich glaube an Gott. An eine übergeordnete Macht, die der Mensch zum Glück nicht beeinflussen kann. Die ihm vielmehr die Grenzen aufzeigt. Die dafür sorgt, dass sich niemand das ewige Leben erkaufen kann – und wenn er oder sie noch so viele Milliarden im Laufe des Lebens gescheffelt hat. Die einzig reale Gerechtigkeit auf dieser Welt. Die alle irgendwann in die Ewigkeit abberuft. Die Religionen hingegen sind, den jeweiligen Vorstellungen entsprechend, nichts anderes als von Menschen inszenierte Glaubensrichtungen. Sie sind kein Diktat von Gott. Was ihre Lehre angeht, unterscheiden sie sich kaum von den Ideologien. Auch dort herrscht

Intoleranz gegenüber den anderen, was nicht selten zu Kriegen geführt hat. Für mich macht es keinen Unterschied, ob Kommunisten gegen Kapitalisten oder Moslems gegen Juden in den Kampf ziehen.

Sie sagten, dass Sie die Religionen nicht ernst nehmen. Würden Sie diesbezüglich auch den Spott als Mittel nutzen? Ich denke an die Mohammed-Karikaturen?

Nein. Ich verstehe den ganzen Religionseifer zwar nicht. Aber ich kann ihn tolerieren, solange die Angehörigen einer Religion ihren Glauben friedlich leben und nicht als Fanatiker auftreten.

Genau das wollten die Karikaturisten aber erreichen. Die Fanatiker lächerlich machen.

Das war eher ein Schuss, der nach hinten losging. Damit haben sie die friedlichen Moslems getroffen, die ihren Mohammed verehren. Die Karikaturen waren einfach nur geschmacklos. Ich würde das auch nicht als Satire bezeichnen. Satire ist etwas, das man hinter den Zeilen lesen und begreifen muss. Die DDR-Komödianten waren da ein gutes Beispiel. Die Parteibonzen haben die Pointe überhaupt nicht verstanden, das Publikum schon. Aber mal abgesehen von den Moslems. Ich möchte die Christen mal sehen, wenn Jesus und seine Jünger als saufende Stammtischrunde dargestellt werden würden. Die Protestanten würden sich vielleicht noch zurückhalten. Bei den Katholiken wäre ich mir nicht sicher. Die wären wahrscheinlich schon empört, wenn man den Papst als Witzfigur hinstellen würde.

Ich muss zugeben, das so noch gar nicht gesehen zu haben.

Wo wir gerade wieder bei der katholischen Kirche sind. Da gibt es noch manch anderes, worüber ich den Kopf schütteln muss. Ich nenne nur die Beichte und das Zölibat. Letzteres ist für mich nicht nachvollziehbar. Weshalb darf ein Priester nicht heiraten? Bei evangelischen Pastoren geht das doch auch. Die Ehe ist ja schließlich keine Sünde. Dass aber ein Schwerverbrecher seine Sünden gestehen darf, ohne dafür bestraft zu werden, weil ihn das Beichtgeheimnis schützt, soll moralisch vertretbar sein? Nein, das ist der Gipfel der Unverschämtheit.

Nur gut, dass Sie kein Katholik sind.

Da wär ich längst aus der Kirche ausgetreten.

Was ja viele inzwischen auch tun. Übrigens, Sie haben die Einstellung zur Homosexualität vergessen.

Die Homosexualität ist in fast allen Religionen verpönt. Ich gestehe, schwul und lesbisch zu sein ist für mich schwer nachvollziehbar. Ich verstehe aber auch nicht, weshalb man diese Leute lange Zeit wie Kriminelle behandelt und strafrechtlich verfolgt hat. Die begehen doch kein Verbrechen, nur weil sie anders sind. Ob man ihr Zusammenleben mit Gleichgeschlechtlichen unbedingt als Ehe bezeichnen muss oder stattdessen einfach von Partnerschaft sprechen kann, mag dahingestellt sein. Fakt ist, dass jeder seine Art zu leben selbst bestimmen kann. Und das geht Staat und Kirche nun wirklich nichts an.

Die Wirtschaft

Fahren wir mit der Wirtschaft fort. Wir wissen ja nur zu gut, dass die in der ehemaligen DDR praktizierte Planwirtschaft nicht der Weisheit letzter Schluss war. Mit unserem Wirtschaftssystem scheinen Sie aber auch nicht unbedingt zufrieden zu sein. Stimmt das?

Ja und nein. Die Marktwirtschaft ist zwar besser als die Planwirtschaft. Ich vermisse aber die soziale Marktwirtschaft. Nicht, weil die Maschine den Menschen mehr und mehr verdrängt, was durchaus auch Vorteile haben kann. Zum Beispiel bei der Ablösung körperlicher Schwerstarbeit. Nein, der Umgang mit den Menschen gefällt mir nicht. Wegen Kosteneinsparungen werden immer mehr Stellen abgebaut, obwohl die Unternehmen nach jahrelangen Gewinnen riesige Reserven angehäuft haben. Und wen trifft es? Wohl weniger die sogenannten Blaumacher, die die Arbeit nicht erfunden haben. Sondern eher diejenigen Mitarbeiter, die über Jahrzehnte hinweg mit guten Leistungen zum Erfolg der Unternehmen beigetragen haben. Der Dank dafür folgt nach dem Motto: Der Mohr hat seine Schuldigkeit getan – der Mohr kann gehen.

Nach meiner Einschätzung trifft das eher für die Großkonzerne zu, oder?

Ja, natürlich. Die mittelständischen Unternehmen gehen mit dem Personalabbau deutlich spärlicher um. Außerdem bilden sie wesentlich mehr aus. Angesichts des traditionell eher familiären Klimas ergreifen sie selbst in Krisensituationen oft nur zögerlich unpopuläre Maßnahmen, was schon manchen Betrieb in Existenznöte gebracht hat. Bei den Multis – nicht bei allen, aber bei vielen – spielt nicht der Mitarbeiter, sondern der Anteilseigner die Hauptrolle. Gespart wird an den Personalkosten, damit die meist börsennotierten Unternehmen ihre Aktionäre, aber ebenso Vorstand und Aufsichtsrat reichlich beglücken können. Dass die Aktionäre als Teilhaber für die Bereitstellung ihrer finanziellen Mittel eine angemessene Dividende erwarten, ist zwar verständlich und auch legitim. Aber das alles darf nicht auf Kosten der Mitarbeiter gehen, von denen viele schon seit Jahrzehnten ihrem Unternehmen die Treue halten. Ohne deren Arbeitsleistung hätte es nie einen Gewinn gegeben. Und ohne Gewinn hätten die Anteilseigner nie eine Dividende erhalten. So einfach ist das.

Dann leben wir also doch nicht in einer sozialen, sondern in einer freien Marktwirtschaft?

Ich würde das eher als Turbokapitalismus bezeichnen. Viele Arbeitgeber leben auf Kosten der Arbeitnehmer, viele Vermieter auf Kosten der Mieter und viele Verkäufer auf Kosten der Käufer. Das alles geschieht nach amerikanischem Vorbild, wo die Forbes-Liste die Stellung einer Art nationaler Ehrentafel einnimmt.

In der aber auch die Reichsten aus anderen Ländern der Welt aufgeführt werden. Also auch diejenigen, die bei uns große Vermögen angehäuft haben.

Ja, natürlich. Aber da sehen Sie mal, welchen Stellenwert Reichtum hat. Und vor allem, wie alles in einen Topf geworfen wird. Da werden Leute, die mit großartigen Leistungen – welcher Art auch immer – nicht nur zu Geld, sondern auch zu Ruhm gekommen sind, mit denen gleichgesetzt, die sich durch rücksichtslose Ausbeutung anderer, durch Betrügereien in großem Stil, durch die clevere Ausnutzung der Dummheit vieler oder durch glücksspielähnliche Spekulation schamlos bereichert haben.

Gibt es in diesem Wirtschaftssystem Ihrer Meinung nach überhaupt etwas Positives zu berichten?

Eher wenig. Als Vorteil kann die freie Berufswahl und die Möglichkeit der Selbstständigkeit genannt werden, wobei Letzterer mit ausufernder Bürokratie möglichst viele Knüppel zwischen die Beine geworfen werden. Dafür haben es die Arbeitnehmer etwas besser, die wenigstens ein Recht auf Kündigungsschutz und obendrein Anspruch auf Urlaub und Fortbildung haben.

Und welche weiteren Nachteile gibt es?

Von Nachteil ist erstens die Macht der Lobbyisten, zweitens die wachsende Gefahr von Massenentlassungen und feindlichen Übernahmen durch Dritte sowie drittens die nach wie vor übliche Verlagerung von Produktionsprozessen in noch ärmere Billiglohnländer. Wobei in Letzteren eine noch größere Ausbeutung von Arbeitskräften und sogar zunehmende Kinderarbeit wie selbstverständlich hingenommen werden. Zudem besteht in internationalen Krisensituationen die Gefahr von Produktionsausfällen, weil die unterbrochenen Lieferketten zwischen Inlands- und Auslandswerken zum Stillstand führen. Und nicht zuletzt kann es bei der Behandlung von Notfall-Patienten Probleme geben, weil dringend benötigte Medikamente oder Impfstoffe nach deren Produktionsvergabe ins Ausland nicht rechtzeitig zur Verfügung stehen.

Ist das nicht das Ergebnis einer schlechten Unternehmensführung?

Gewiss. Meist fehlen Manager mit Visionen. Hinzu kommt ein gestörtes Sozialverhalten. Na ja, und was die fachlichen Fähigkeiten angeht, habe ich bei manchen Führungskräften so meine Zweifel. Vor allem, wenn sie statt einer Praxis erfahrenen Elite einem einflussreichen Netzwerk angehören. Dann ist Missmanagement vorprogrammiert. Und wenn dann noch Arroganz zu Beratungsresistenz führt, sieht ein Unternehmen zwangsläufig schweren Zeiten entgegen.

Das sind keine guten Aussichten für die Zukunft.

Nein. Aber diese Entwicklung kann nicht allein der freien, selbst nicht der sozialen Marktwirtschaft angelastet werden. In vielerlei Hinsicht ist der Otto-Normalverbraucher an dieser Misere beteiligt. Das Schizophrene in dieser Angelegenheit ist die Zwei-G-Methode.

Ich ahne, was Sie damit meinen.

Wenn Sie darunter Geiz und Gier verstehen, liegen Sie richtig. Das Lieblingswort vor allem der deutschen Verbraucher heißt billig. Der Geiz ist so groß, dass an Qualität erst an zweiter Stelle gedacht wird. Das Motto heißt: Billig, billiger, am billigsten. Vor allem bei Lebensmitteln und Klamotten wird gespart, wo es nur irgendwie geht. Statt die regionale Wirtschaft zu unterstützen, wird aus dem Ausland stammende Billigware gekauft oder im Internet bestellt. Von den stetig steigenden Warentransporten kreuz und quer durch die Welt ganz zu schweigen. Die Gier wiederum zeigt sich meist erst beim zweiten Hinsehen. Denn mehr Geld am Arbeitsplatz verdienen zu wollen, ist noch verständlich und auch legitim. Aber wenn viele windigen Geschäftemachern auf den Leim geben, die ihnen Geldanlagen mit utopischen Renditen anbieten, zeigt das doch deutlich, dass auch Otto-Normalverbraucher den Hals nicht vollkriegt.

Es gibt auch viele, die ebenfalls nach dem großen Gewinn streben, aber das Glücksspiel vorziehen. Und ich denke, die sind besser dran. Die wöchentliche Gewinnchance ist zwar gering, aber der Einsatz auch. Und doch gibt es jede Woche zum Beispiel beim Lotto mindestens einen neuen Millionär.

Gewiss ein weiteres gutes Beispiel. Da fällt mir übrigens noch eine Gier-Variante ein, die einen besonders faden Beigeschmack besitzt.

Und die wäre?

Denken Sie nur an die unzähligen Bürger, die auf eine Erbschaft spekulieren. Da wird einem erst so richtig klar, wie geil die Leute auf den großen Wurf sind. Und vor allem, wie wenig Charakter die meisten beim Gerangel um das Erbe zeigen. Da brechen oft ganze Familien auseinander. Ich habe Fälle erlebt, in denen sich eine Seite vom Erblasser getrennt und geschworen hat, am Erbe nicht interessiert zu sein. Und kaum lag der oder die Betreffende unter der Erde, wurde um jeden Euro auf dem Bankkonto und um jeden Quadratmeter Grund und Boden gerangelt. Wie heißt es so schön: Beim Geld hört die Freundschaft auf. Und auch, dass Geld nicht stinkt, dürfte hiermit widerlegt sein. Der Rechtsstaat hält sich natürlich wie immer heraus. Den interessieren nur die Paragrafen und nicht die Moral. Wie die Mietnomaden, so haben auch die Erbschleicher freie Hand bei ihrem widerwärtigen Handeln. Und das ist eine Schande.

Das ist wirklich traurig, aber leider wahr. Was allerdings auch wahr ist, sind Dinge, bei denen der Geiz seltsamerweise keine Rolle spielt. Denken Sie nur an Immobilien und deren Ausstattung im Innen- wie im Außenbereich. Oder an den Kult, der mit Autos betrieben wird. Da wird nicht gekleckert, sondern geklotzt.

O ja. Das ist mehr als seltsam, hat aber besondere Gründe.

Ich höre.

Die Angeberei. Was in den eigenen vier Wänden gegessen und getrunken wird, bekommt niemand mit. Da wird zwar eine Luxusküche gekauft, die aber meistens nur der Schau dient. Gegessen wird ein Fertiggericht. Und erhitzt wird es in der Mikrowelle. Auch aus dem Bad wird eine Wellness-Oase. Obwohl meistens doch nur geduscht wird. Und was die Gartengestaltung angeht, sind Steingärten in, die aber nach allem, nur nicht nach Gärten aussehen. Was Tiere betrifft, ziehen sie allenfalls Ungeziefer an. Insgesamt eine Entwicklung, die zu denken gibt.

Leben viele Bürger Ihrer Meinung nach über ihre Verhältnisse?

Ich schätze, ja. Und was das Schlimmste ist: Die Wenigsten denken an Ihre Altersvorsorge. Wenn dann mal der Arbeitsplatz verlorengeht, was zu längerer oder gar dauerhafter Arbeitslosigkeit führen kann, droht zuerst eine Privatinsolvenz und später die Altersarmut.

Da kommt wohl einiges auf uns zu.

Der Staat wird so oder so viel Geld aufbringen müssen, wenn eine sich abzeichnende Spaltung der Gesellschaft vermieden werden soll. Vielleicht muss dies zu Lasten der finanziellen Entwicklungshilfe geschehen. Den unterentwickelten Ländern kann eh nur mit Unterstützung vor Ort geholfen werden. China ist hier das beste Beispiel. Dieses immer nur gescholtene Land hilft anderen Völkern beim Bau von Wohnungen und Schulen sowie bei der Errichtung einer dringend benötigten Wirtschafts- und Infrastruktur. Wir und der Rest Europas schauen nur zu und pumpen stattdessen staatliche Finanzhilfen und private Spenden in diese Länder, die zum größten Teil im Korruptionssumpf versinken. Was wiederum dazu führt, dass wir und der Rest Europas von Flüchtlingswellen überschwemmt werden.

Das Verkehrswesen

Wenn wir jetzt zum Verkehrswesen übergehen, spielt zunehmendes Umweltbewusstsein, aber auch der Massentourismus eine nicht unwesentliche Rolle. Zum Tourismus und zur Umwelt kommen wir zwar später noch. Doch da stehen andere Schwerpunkte im Fokus. Wie kritisch sehen Sie denn die derzeitige Verkehrssituation?

Sehr kritisch. Vor allem der Verkehr in den Innenstädten ist eine Katastrophe. Und da sind wir wieder beim Otto-Normalverbraucher. Statt den öffentlichen Nahverkehr zu nutzen, steht er lieber mit dem eigenen Wagen im Stau und verpestet die ohnehin schon schlechte Luft. Denn Fahrzeuge mit umweltfreundlichem Antrieb sind eher Mangelware. Wenigstens schwingen sich immer mehr Leute auf das Fahrrad, das eine erstaunliche Renaissance erlebt. Allerdings nur dort, wo die Bequemlichkeit im Vordergrund steht.

Sie meinen den Boom bei Rädern, die mit Elektromotoren angetrieben werden?

Ja. Wobei auch ein Boom bei den Unfällen festzustellen ist. Gerade Ältere unterschätzen die Gefahr des höheren Tempos. Sinnvoller wäre es, mit dem Treten der Pedale die Kondition zu verbessern und nur an extremen Steigungen den Elektromotor einzuschalten. Wozu Mediziner angesichts der wachsenden Adipositas-Gesellschaft dringend raten.

Immerhin lassen diese Leute das Auto stehen. Und das sollte man doch positiv sehen, oder?

Ja, natürlich. Wenn das alle täten, könnte man unser Klima vielleicht noch retten. Aber der größte Teil klebt ja an seinem vierrädrigen Vehikel. Was mir zu denken gibt, ist die Forderung einiger Unbelehrbarer, statt des weiteren Ausbaus von Fußgängerzonen wieder mehr Fahrzeuge in den Zentren zuzulassen – mit der Begründung, dass dies mehr Konsumenten anlocken würde und somit dem Einzelhandel zugutekäme.

Bei mir würde das eher das Gegenteil bewirken.

Bei mir auch. Aber da sieht man wieder mal, welchen Stellenwert das Auto einnimmt. Was ich besonders schlimm finde, ist der Trend zu immer größeren Fahrzeugen, die noch mehr Sprit fressen. Bei den SUV nimmt das Züge einer Epidemie an.

Damit wären wir beim Geschwindigkeitsrausch. Stärkere Motoren verleiten zwangsläufig zu noch mehr Raserei.

Ein vor allem deutsches Phänomen, das zunehmend auch bei vielen Radfahrern zu beobachten ist. Vor allem die jungen Leute brettern rücksichtslos durch die Gegend. In stark frequentierten Fußgängerzonen gefährden sie damit nicht nur sich selbst.

Dafür ziehen sie bei Unfällen im Straßenverkehr allein den Kürzeren. Ebenso wie die Motorradfahrer. Die Insassen eines Pkw, eines Lkw, eines Busses oder einer Straßenbahn sind bei Zusammenstößen mit einem Zweirad immer im Vorteil.

Soweit denken die nicht. Doch auch Autofahrer scheinen ihr Hirn bisweilen abzuschalten. Anders ist so manches Fehlverhalten wie Alkohol am Steuer, Handy-Nutzung während der Fahrt, Parken vor Feuerwehrzufahrten oder Fahrerflucht nach Karambolagen nicht zu erklären. Von der sinnlosen Raserei einmal abgesehen. Dabei sind dies noch die harmloseren Vergehen.

Was wäre noch schlimmer?

Das Fotografieren und Filmen von Unfallopfern sowie das Anpöbeln und Bedrohen der Hilfs- und Rettungskräfte.

In der Tat. Das macht einen sprachlos.

Und schon sind wir wieder beim Rechtsstaat. Die Strafen für derartige Unverschämtheiten sind einfach lächerlich. Und was fast noch schlimmer ist: Die Hilfs- und Rettungskräfte müssen sich auch noch rechtfertigen, wenn sie es gewagt haben, diesem Gesindel die Leviten zu lesen.

Ich kann mir vorstellen, was Sie jetzt denken.

Was denke ich denn?

Dass derartiges Gesindel in China nichts zu lachen hätte.

O ja, das stimmt. Und die sich wehrenden Hilfs- und Rettungskräfte bekämen sogar noch einen Orden. Aber dieses Land mal positiv zu erwähnen, ist hierzulande ja verpönt. Dabei müssen wir gar nicht so weit in die Ferne blicken. In ganz Europa würden diese Rüpel ihr blaues Wunder erleben, während man die Hilfs- und Rettungskräfte zumindest als Helden feiern würde. Aber wir sind ja so human. Auch der Mob hat seine im Grundgesetz verankerten Rechte.

Ehe Sie zur Hochform auflaufen. Mir reicht allein schon die Rück-sichtslosigkeit gegenüber anderen Verkehrsteilnehmern.

Die ist leider ein Mehrheitsproblem. Vor allem bei Män-nern. Das hat aber nicht nur mit dem Geschwindigkeits-rausch, sondern auch mit der Psyche zu tun. Da reicht oft schon eine Standpauke vom Chef oder ein Streit mit der Partnerin. Auf vier Rädern lässt sich der aufgestaute Frust leichter abbauen. Ich habe das Fahrverhalten anderer Auto-fahrer auf einer fast hundert Kilometer langen und nahezu frei befahrbaren Landstraße getestet und dabei die maximal erlaubte Geschwindigkeit konsequent eingehalten. Wäh-rend der gut einstündigen Fahrt ist nicht eines von rund zweihundert Fahrzeugen, die hinter mir aufgetaucht sind, auch hinter mir geblieben. Soviel nur zur Psyche. Oder zur mangelnden Verkehrsdisziplin.

Das hätte ich jetzt nicht gedacht. Gab es denn gar keinen Gegenver-kehr?

Doch. Hin und wieder kam ein Pkw entgegen. Was aber nicht zur Unterlassung gewagter Überholmanöver beitrug.

Und Lkw?

Waren keine unterwegs. Es war ein Sonntag im Sommer mit Lkw-Fahrverbot.

Stichwort Lkw. Finden Sie nicht auch, dass der Güterverkehr auf die Schiene verlagert werden sollte? Zumindest der Fernverkehr?

Auf jeden Fall. Leider haben ein paar Schlaumeier vor Jahr-zehnten für das Gegenteil gesorgt, indem sie das Schienen-netz radikal ausgedünnt haben. Heute ersticken selbst die mehrspurigen Autobahnen im Verkehrschaos. Inzwischen gesellen sich noch Lkw mit Überlänge und unzählige Transporter von Paketdiensten hinzu. Wen wundert es da, wenn der Verkehrskollaps nicht mehr zu stoppen ist. Da nützen auch hohe Lkw-Mautgebühren nichts. Die kilometerlangen Staus werden erst dann der Vergangenheit angehören, wenn wenigstens das Gros des Schwerlastverkehrs vom Asphalt verschwunden ist.

Das Problem ist nur, dass sich dieser Umkehrprozess von der Straße auf die Schiene nicht von heute auf morgen realisieren lässt. Sie selbst erwähnten ja das radikal ausgedünnte Schienennetz.

Ja, leider. Die Kehrtwende wird viel Zeit und Geld kosten. Aber der Klimawandel macht keine Pause. Schon deshalb darf nicht mehr so viel gequatscht, sondern muss schnellstens gehandelt werden. Und zwar auf der gesamten Verkehrsebene. Also nicht nur auf Straße und Schiene, sondern auch in der Luft und auf dem Wasser.

Das erklären Sie mal unseren Landsleuten. Das Auto ist ihr liebstes Kind. Und auf Charterflüge und Kreuzfahrten wollen sie auch nicht verzichten.

Ich weiß. Aber von wollen dürfte wohl kaum noch die Rede sein. Eher von müssen. Wenn der Meeresspiegel nämlich weiter steigt und irgendwann alles unter Wasser setzt, geht gar nichts mehr. Autos können nicht mehr bewegt werden. Flugzeuge können nirgendwo mehr starten und landen. Und Schiffe können in keinem Hafen mehr an- und ablegen. Um dieses Szenario zu verhindern, ist die Weltgemeinschaft quasi gezwungen, bisher unpopuläre Maßnahmen zu treffen. Ein Land wie China ist diesbezüglich natürlich im Vorteil. Bei uns und überhaupt in allen

Demokratien wird viel zu viel diskutiert. Jeder meint, seinen Senf dazugeben zu müssen. In China wird nicht lange gefackelt, wenn wichtige Entscheidungen getroffen werden müssen. Und das Verhindern einer drohenden Klimakatastrophe ist eine mehr als wichtige Entscheidung. Selbstverständlich lässt sich nicht alles auf einmal realisieren.

Es muss also Schritt für Schritt vorgegangen werden. Wo sollte zuerst angesetzt werden?

Beim Straßen- und Schienenverkehr.

Das würde bedeuten, zunächst den Ausbau des Schienennetzes voranzutreiben, ehe der Straßenverkehr zurückgefahren werden kann. Zumindest, soweit es den Fernverkehr betrifft. Der öffentliche Nahverkehr ließe sich vermutlich schneller umstellen, oder?

So ist es. Deshalb ist er bevorzugt zu fördern. Und zwar mit Tickets zu Niedrigpreisen, großzügigem Platzangebot und kurzen Zeitintervallen. Und das nicht nur in den Städten, sondern auch auf dem Land. Dann könnten die Autos – auch die nicht mehr mit fossilen Brennstoffen angetriebenen – generell in den Garagen stehenbleiben. Wer dennoch mit dem eigenen Wagen in die City fährt, zahlt eine saftige Mautgebühr. Die meisten wird das auf Dauer abschrecken. Für Anwohner, Lieferanten, Handwerker und Rettungsdienste hingegen würden Sonderregelungen gelten.

Und wie geht es beim Fernverkehr weiter, sobald das Schienennetz ausgebaut ist?

Wie ich schon sagte. Zuerst gehört der Schwerlastverkehr auf die Schiene. Damit würde das Gros der Lkw einschließlich der Lkw mit Überlänge von den Autobahnen und Landstraßen verschwinden.

Natürlich. Das versucht man ja schon heute. Denken Sie nur an die neuen ICE. Als Alternative käme noch der Bus infrage, sobald umweltschonende Antriebe genutzt würden. Inlandsflüge sollten jedoch komplett eingestellt werden.

Denken Sie dabei nur an Deutschland? Oder sollte das für ganz Europa gelten?

Gleiches könnte ich mir für ganz Europa vorstellen. Für den Güterverkehr sowieso. Und für die Personenbeförderung zumindest zu einem großen Teil. Die Personenzüge werden zunehmend schneller und verkehren immer häufiger. Zudem bieten Bahn und Bus einen gehobenen Komfort. Allenfalls auf Langstrecken würde das Flugzeug noch eine Rolle spielen, wobei nur noch Linienflüge angeboten werden sollten.

Und wie erreicht man die Inseln Europas, die nicht durch Brücken oder Tunnels mit dem Festland verbunden sind, sowie den Rest der Welt?

Die europäischen Inseln per Fähre. Wenn sie zu weit entfernt sind, per Linienflug. Mit Rücksicht auf den Klimawandel dürften auch bei der Personenbeförderung im Interkontinentalverkehr nur noch Linienflüge angeboten werden. Die billigen Charterflüge sollten auf jeden Fall eingestellt werden.

Da werden viele Tourismusregionen nicht begeistert sein. Die leben von den Touristen.

Die werden umdenken müssen. Auf Dauer wird man in allen Ländern und Regionen mehr auf die eigene Bevölkerung setzen müssen. Gegebenenfalls noch auf Gäste vom Heimatkontinent. Fernreisende von anderen Kontinenten, die sich wirklich noch für Land und Leute und nicht für Saufgelage an den Stränden oder sonstige Vergnügungsangebote interessieren, werden nach wie vor in aller Welt gern gesehen sein, müssten aber ebenfalls auf Linienflüge ausweichen.

Was wird aus dem internationalen Güterverkehr?

Frachtflugzeuge sollten nur noch auf Langstrecken zum Transport von dringend benötigten Gütern eingesetzt werden.

Was mich beim Fliegen beunruhigen würde, ist die zunehmende Unart, in Flughafennähe Drohnen kreisen zu lassen.

Die Flughäfen werden künftig wohl jede sich nähernde Drohne lange vor Erreichen des Flugfelds rigoros abschießen müssen. Wer auf diese Weise sein nicht gerade billiges Fluggerät verliert, wird hoffentlich von weiteren Versuchen die Finger lassen.

Ein Deutscher würde womöglich auf Schadenersatz klagen.

Gut möglich, was mich bei unserem Rechtsstaat nicht wundern würde. Anderswo würde er sich neben dem Verlust der Drohne eher noch eine saftige Geldstrafe einhandeln oder, wenn er Pech hat, im Knast landen.

Auch in China?

Dort würde man vermutlich nicht nur die Drohne abschießen. Aber betrachten wir das mal als Scherz.

Kommen wir noch zum Schiffsverkehr. Was wird dort geschehen?

Den Fährverkehr zu Inseln wird man aufrechterhalten. Ebenso den üblichen Gütertransport mit Schiffen. Alle werden jedoch mit umweltfreundlichen Antrieben verkehren müssen. Und um eine Verunreinigung der Gewässer zu vermeiden, wird man jeglichen Gefahrguttransport per Schiff verbieten.

Und wie geht es mit den Kreuzfahrten weiter?

Kreuzfahrtschiffe wird man nach und nach stilllegen müssen, weil Hafenstädte keine Einfahrt mehr erlauben werden. Zum einen wegen der Vollverpflegung der Passagiere an Bord, was die lokale Wirtschaft um ihre Einnahmen bringt. Zum anderen, weil die Schiffstouristen nur Müll hinterlassen und für Ärger bei den Hotelgästen sorgen, die sich von den Menschenmassen in ihrer Bewegungsfreiheit gestört fühlen. Alles in allem eine Entwicklung, die unserem Planeten guttun würde.

Die Gesellschaft

Ich kann mir gut vorstellen, dass Sie beim Blick auf die Gesellschaft eher wenig Freude empfinden.

Es gibt Fälle, die erzeugen bei mir das, was das rote Tuch beim Stier auslöst.

Was zum Beispiel?

Die Widersprüchlichkeit vor allem unserer Landsleute. Auf der einen Seite zeigen sie Hilfsbereitschaft, helfen zum Beispiel einem Blinden über eine stark befahrene Straße, oder empören sich zu recht über das Fehlverhalten anderer, etwa über einen Hundehalter, der die Hinterlassenschaft seines Vierbeiners nicht beseitigt.

Und auf der anderen Seite?

Der zunehmende Fremdenhass, Rassismus, Antisemitismus. Wobei natürlich nicht alles so gemeint ist, wie es gesagt wird.

Das verstehe ich jetzt nicht.

Nehmen wir mal den Rassismus. Wenn jemand die Dunkelhäutigen abfällig als Nigger bezeichnet, ist er ein Rassist. Wenn aber jemand sagt, die sich zusammenrottenden schwarzen Jugendlichen brauchen wir hier nicht, weil es bei uns selbst genug von dieser Sorte gibt, ist er noch lange kein Rassist, sondern stört sich lediglich an der zunehmenden Anzahl von herumlungernden Jugendlichen.

Kennen Sie auch beim Antisemitismus ein Beispiel?

Gewiss. Wenn jemand die jüdischen Bürger hierzulande für unerwünscht erklärt, ist er ein Antisemit. Wenn er hingegen den Staat Israel kritisiert, weil dieser mit der Besetzung palästinensischer Gebiete die gleichen Schweinereien begeht wie die Nazis mit dem Einmarsch in Polen, dann ist er noch lange kein Antisemit, sondern allenfalls ein Gegner des Staates Israel. Mit den weltweit lebenden Juden hat das nichts zu tun.

Ich verstehe.

Aber zurück zur Widersprüchlichkeit. Denken wir nur an unsere Traditionen. Da pflegt man einerseits Denkmäler, besucht Museen, nimmt sogar an überlieferten Umzügen zu bestimmten Anlässen teil.

Und andererseits?

Da versucht man die Historie an den Zeitgeist anzupassen. Plötzlich stört man sich am Mohr von Venedig oder am Mohrenkopf, am Zigeunerbaron oder am Zigeunerschnitzel. Das ist doch alles Vergangenheit. Die kann und darf man heute zwar anders sehen und bewerten. Ändern kann man sie aber nicht. Wir sind schließlich nicht die Taliban, die historische Bauwerke und Skulpturen zerstören, weil sie nach ihrer Vorstellung nicht in die Zeit passen. Dabei sind sie es selbst, die nicht in die Zeit passen.

Dem stimme ich voll und ganz zu.

Ich denke, diese speziell bei uns in Mode kommende Hysterie von Vergangenheitsbewältigung ist eine typische Erscheinung in einer Gesellschaft, der es zu gut geht und die nicht mehr weiß, was sie sonst noch alles anstellen kann.

Als gäbe es keine wichtigeren Probleme, die dringend angegangen werden müssten. Ach ja, um nicht das Gender-Theater zu vergessen. Wenn künftig – nur mal als Beispiel – unter einem Vorstand einzig eine männliche Person zu verstehen ist, während eine weibliche als Vorständin bezeichnet werden muss, ist das einfach nur peinlich und so überflüssig wie ein Kropf.

Wo sind sonst noch Widersprüche zu finden?

Geradezu typisch ist dies beim Verlangen nach mehr Technik. Beim Mobiltelefon beispielsweise möchte man in jedem abgelegenen Winkel Empfang haben. Müssen dafür Sendemasten errichtet werden, ist der Aufschrei allerdings groß. Und beim Strom wächst der Bedarf, um die flächendeckende Digitalisierung bewältigen zu können. Ein Hochleitungsnetz und Windräder sind aber unerwünscht. Beide Maßnahmen werden vor allem dann blockiert, wenn die Installation vor der eigenen Haustür erfolgen soll. Das St. Florians-Prinzip lässt grüßen. Man könnte auch vom Wunsch nach unmöglichen Möglichkeiten sprechen.

Wie heißt es so schön: Zurück zur Natur, aber nicht zu Fuß.

Ein passender Vergleich.

Was ist Ihnen sonst noch ein Dorn im Auge, wenn es um unsere Gesellschaft geht?

Der zunehmende Hang zu physischer und psychischer Gewalt. Zum einen ist immer mehr Aggressivität und Brutalität festzustellen. Kleinste Nichtigkeiten geben Anlass zu Provokation mit anschließender Tätlichkeit, wobei Letztere keine Grenzen mehr kennt. Selbst dem längst am Boden

Liegenden wird noch ins Gesicht getreten. Zum anderen kommen Mobbing und Stalking immer mehr in Mode. Der oder die Schwächere wird systematisch bloßgestellt bzw. belästigt, bis er oder sie entweder Suizid begeht oder die Sicherung bei ihm oder ihr durchbrennt, was nicht selten einen Amoklauf nach sich zieht. Bei Letzterem kehrt sich das Ganze dann um. Die Peiniger werden zum Bettler um ihr klägliches Leben, der oder die Gepeinigte hingegen beendet seinen oder ihren Feldzug in der Regel in blutiger Wild-West-Manier.

Eine gefährliche Entwicklung. Aber wem will man die Schuld an dieser Misere zuschieben?

Der Politik und der Justiz. Und nicht zuletzt dem Elternhaus. Gesetze und Rechtsprechung lassen eindeutig zu wünschen übrig. Besonders bei gewalttätigen Jugendlichen mangelt es an harten Strafen, zumal diese trotz Volljährigkeit meist Jugendstrafen erhalten. Für Wahlen sind sie alt genug, für Bestrafungen noch zu jung. Das ist ein Witz. Besonders Lehrer und Lehrerinnen können ein Lied davon singen. Sie müssen sich anpöbeln und sogar tätlich angreifen lassen, ohne sich wehren zu dürfen. Uns hat man früher bei Unverschämtheiten ein paar hinter die Löffel gegeben. Das hat niemandem geschadet. Hätten wir uns zu Hause beschwert, hätten wir vom Vater gleich noch eine gelangt bekommen. Würde heute einer Lehrkraft die Hand ausrutschen, würden die Eltern sofort vor Gericht ziehen. Die haben zwar null Ahnung von Erziehung, kennen sich aber mit unseren schwammigen Gesetzen bestens aus. Und da wären wir wieder einmal bei unserem fragwürdigen Rechtsstaat angelangt, der dem Verfahren stattgeben würde, anstatt den Eltern eine Strafe wegen Erziehungsunfähigkeit aufzubrummen.

Ich spüre richtig, wie Ihr Blutdruck steigt. Gibt es sonst noch Dinge, die Sie an unserer Gesellschaft stören?

Ja. Zum Beispiel der allgemeine Herdentrieb, das Eventfieber und die blinde Gefolgschaft in den Sozialen Netzwerken, was sich aber zu einer internationalen Infektion entwickelt hat. Beim Herdentrieb, diesem für mich unerklärlichen Massenphänomen, muss ich immer an einen Satz von Einstein denken: Um ein tadelloses Mitglied einer Schafherde zu sein, muss man vor allem ein Schaf sein. Das gilt auch für die zahllosen Events – frei nach dem Motto: Ohne Event sind wir am End. Speziell die Open-Air-Konzerte mit ihren wie Pilze aus dem Boden schießenden Bands haben die in Ekstase geratenden Besuchermassen voll im Griff. In den Sozialen Netzwerken des Internets hingegen sind es die sogenannten Influenzer, die bis zu Millionen von Followern mit ihren albernen Werbeauftritten regelrecht hypnotisieren.

Sie haben noch ein anderes Massenphänomen vergessen: Die wandelnden Männlein und Weiblein mit ihren Wischkästen in der Hand.

O ja. Aber die sind für mich einfach nur ein Fall für den Psychiater. Ich frage mich ernsthaft: Was glotzen die selbst während ihrer Fortbewegung zu Fuß ständig auf diesen Kasten? Normal ist das jedenfalls nicht. Aber was ist heute noch normal?

Das Gesundheitswesen

Ein heißes Thema ist in letzter Zeit die Corona-Pandemie gewesen. Es gab Positives, aber auch viel Negatives zu berichten. Wie ist es Ihnen ergangen? Und wen machen Sie für das Desaster am ehesten verantwortlich?

Ich habe trotz meines hohen Alters überlebt, weil ich von Natur aus eher die soziale Abstinenz pflege. Und wie immer richtet sich meine Kritik zuallererst an den Otto-Normalverbraucher. Bei der ersten Welle musste man sich allerdings mit Kritik noch etwas zurückhalten.

Inwiefern?

Mit den plötzlich aus dem Nichts auftretenden Infektionen hatte niemand rechnen können.

Das stimmt. Und eingeschleppt wurden sie ausgerechnet von den Chinesen.

So ist es. Leider.

Weshalb leider?

Weil China schon genug Prügel bezieht. Ich werde aber den Teufel tun, dieses Land zu verklären. Dass dort manches falsch läuft, ist unbestritten. Das gilt auch für die Verbreitung des Corona-Virus, das wir in erster Linie dem gewöhnungsbedürftigen Umgang der Chinesen mit lebenden Tieren zu verdanken haben. Am besten kann man dies auf den landestypischen Märkten beobachten.

Waren Sie bei Ihrem China-Besuch mal auf einem solchen Markt?

Selbstverständlich. Das war 1991. Ich war auf dem größten Markt in Guangzhou, dem früheren Kanton. Das war schon beeindruckend, aber eben auch gewöhnungsbedürftig. Und eigentlich verwunderlich, dass nicht schon viel früher eine Pandemie ausgebrochen ist.

Ich will ja auch überhaupt nichts beschönigen. Was mich – ich bitte um Entschuldigung – einfach ankotzt, ist die ständige Anklage Chinas, egal, ob etwas positiv oder negativ ist. Und wenn es negativ ist, stört mich die Ignoranz all der Schweinereien, die bei uns und unseren Verbündeten passieren. Da wird vieles unter den Teppich gekehrt. Wir und fast ganz Europa sollten wirklich erst mal den Dreck vor der eigenen Tür wegfegen, ehe wir ständig auf China herumhacken.

Ich gebe zu, da ist was dran. Was nichts daran ändert, dass manche Kritik wirklich berechtigt ist.

Sicherlich. Aber bleiben wir gleich mal bei den Tieren. Auch bei uns ist der Umgang mit Tieren bisweilen alles andere als normal. Hund und Katze gehören zum Beispiel überall hin, aber nicht ins Bett. Und deren Schnauze küssen oder sich von ihr ablecken lassen, ist alles andere als hygienisch. Ich bin mal gespannt, wann dieses unnatürliche Verhalten zur ersten Virenschleuder führt.

Sie fahren ja ganz schöne Geschütze auf.

Ich bleibe einfach konsequent bei meiner Linie und rede Tacheles. Das ganze drum herum reden, nur um bei niemandem anzuecken, ist nicht mein Stil.

Wenn wir schon bei der Wahrheit sind, was stört Sie im Zusammenhang mit dem Gesundheitswesen besonders an unseren Landsleuten?

Da gibt es einiges zu beanstanden. Vor allem den Lebensstil ganz allgemein, den Lebenswandel und die speziell den Sport betreffende Risikobereitschaft.

Was stört Sie am Lebensstil?

Die Art zu leben. Man lebt nicht, um zu genießen oder auch mal alle vier geradesein zu lassen. Man lebt mehr für den Schein als für das Sein und will auf keinen Fall hinter anderen zurückstehen. Man pflegt den täglichen Wettkampf mit Verwandten, Bekannten und Freunden, mit Kollegen und Nachbarn. Das Leben ist Pflicht, nicht Kür.

In der Tat gut beobachtet. Und wie steht es um den Lebenswandel?

Der ist nicht gerade als gesund zu bezeichnen. Kettenrauchen, Alkoholexzesse, Drogenabhängigkeit, Medikamentenmissbrauch, Essgewohnheiten und Bewegungsmangel tragen eher zur Verkürzung des Lebens bei.

Sind Sie so alt geworden, weil Sie nur gesund gelebt haben?

Keineswegs. Ich habe einfach nur die Vernunft walten lassen. Das heißt nicht, dass ich wie ein Asket gelebt habe. Man kann letztendlich alles essen und trinken. Nur eben mit Maßen. Lediglich aufs Rauchen und auf die Einnahme von Drogen sollte man verzichten. Eines ist so sicher wie das Amen in der Kirche. Das ewige Leben kann man so oder so nicht pachten. Wie sagt der Bayer so schön: Saufst, sterbst, saufst net, sterbst aa.

Bleibt noch die Risikobereitschaft in sportlicher Hinsicht. Vermutlich nicht in Ihrem Sinne, oder?

Korrekt. Was nicht heißt, dass ich gegen sportliche Betätigung bin. Die ist nämlich gut und sollte auch im Alter beibehalten werden. Früher bin ich viel Rad gefahren und habe Tennis gespielt. Heute beschränke ich mich auf schnelles Gehen. Das ist besser als ein Spaziergang. Vom Joggen hingegen, vor allem auf Asphalt, halte ich nicht viel. Und aufs Fahrrad sollte man im Alter nur steigen, wenn das Gleichgewicht intakt ist. Für das Muskeltraining wäre noch Kraftsport geeignet, den ich bisher allerdings gemieden habe. Generell nicht empfehlenswert ist meiner Ansicht nach das Betreiben von Extremsportarten wie zum Beispiel das Klettern in einer Felswand. Zumal es sich hier um junge Leute handelt, die das Leben noch vor sich haben. Denn bei diesem Sport kann ein schwerer Unfall schnell im Rollstuhl enden.

Es gibt auch noch Risiken außerhalb des Sports. Zum Beispiel bei Wetten und im Glücksspiel. Hat Sie das jemals gereizt?

Nein. Im Casino habe ich nie gespielt – nur aus Jux als Tourist in Monte Carlo. Und auf Fußball oder Pferde habe ich auch nie gesetzt. Letzteres ebenfalls nur zum Spaß auf der Insel Bornholm. Ich kann über die Zocker nur den Kopf schütteln. Bei vielen endet das in einer regelrechten Sucht. Und manche sind schon derart krank, dass sie sogar ihr ganzes Hab und Gut verspielen.

Kommen wir zurück zur Corona-Pandemie. Bei der ersten Welle hatten Sie für vieles noch Verständnis. Die zweite und dritte Welle kam nicht mehr überraschend. Was werfen Sie von diesem Zeitpunkt an dem Otto-Normalverbraucher vor?

Den üblichen Herdentrieb. Das Zusammenrotten von Leuten mit Party-Gier und von Querdenker-Demonstranten, die die Infektionsgefahr kategorisch leugneten und bewusst auf jegliche Vorsichtsmaßnahmen wie Mund-Nasen-Schutz und Abstandhalten verzichteten. Dabei war wissenschaftlich längst bewiesen, dass die Ansteckungsgefahr gerade in der Masse besonders groß war. Der Gipfel der Frechheit war das Verhalten gegenüber den Einsatzkräften, die nur ihre Pflicht erfüllten und dabei selbst dem Infektionsrisiko ausgesetzt waren.

Es gab aber auch viele vernünftige Bürger, die sich an die Regeln hielten und eher eine Antipathie gegen die Querdenker entwickelten.

Natürlich gab es die. Aber Sie wissen ja selbst. Die Klugen gehen in der Berichterstattung meist unter, während die Dämlichen die Schlagzeilen beherrschen.

Es wurde ja lange über den Sinn des Testens und Impfens diskutiert. Haben Sie sich gegen das Corona-Virus impfen lassen?

Ja. Ich bin generell gegen alle möglichen Infektionsgefahren geimpft worden. Das hat mich vor manchen Ansteckungen bewahrt. Ich habe das ganze Theater um die Corona-Impfung sowieso nicht verstanden. Risiken und Nebenwirkungen können nie ganz ausgeschlossen werden. Aber der Nutzen ist letztendlich sehr viel größer. Mir ist die Panikmache der Impfgegner schon deshalb auf die Nerven gegangen, weil ein Großteil dieser Leute mit Medikamenten relativ großzügig umgeht. Statt bei gesundheitlichen Problemen den Lebenswandel zu ändern, werden alle möglichen Tabletten geschluckt, ohne auch nur annähernd an die Folgen zu denken. Hier erlebt man wieder einmal die Widersprüchlichkeit vieler Bürger.

Worüber sich die Impfgegner besonders ereifert hatten, war ja die Entscheidung von Bundestag und Bundesrat, vollständig Geimpften und Genesenen Vorteile bei der Lockerung des Lockdowns einzuräumen und sie damit den negativ Getesteten gleichzusetzen. Was sagen Sie dazu? War das gerecht?

Was heißt hier schon gerecht? Das war einfach nur logisch. Ohne Führerschein darf niemand Auto fahren. Ohne Rentenversicherungsbeiträge bezahlt zu haben, erhält man keine Rente. Ohne Fahrkarte darf man nicht mit der Bahn, der Straßenbahn oder dem Bus fahren. Ohne Eintrittskarte kann man keine Theateraufführung, keine Konzertveranstaltung oder kein Kino besuchen. Und ohne Bargeld, Kredit- oder EC-Karte kann man nicht einkaufen. Also kann man auch ohne Impfausweis, Genesungsnachweis oder Negativtestbestätigung keine speziellen Geschäfte und Dienstleistungsbetriebe oder Gaststätten bzw. Biergärten betreten.

Kommen wir noch einmal zurück zum Lebenswandel. Wie sollten sich die Menschen Ihrer Meinung nach ernähren und worauf – außer Rauchen und Drogengebrauch – sollten sie sonst noch verzichten?

Ich halte die mediterrane Küche für am besten geeignet, wobei ich am liebsten Spaghetti mit Knoblauch und Olivenöl esse. Sich überwiegend vegetarisch zu ernähren, ist kein Fehler, solange man sich hin und wieder mal ein Stück Fleisch gönnt. Mit strengen Vegetariern und erst recht mit Veganern kann ich nicht viel anfangen. Das Schlachten von Tieren zu verteufeln, ist schon deshalb absurd, weil die Nahrungskette in der Tierwelt aus fressen und gefressen werden besteht. Auch Diäten kämen für mich nicht infrage. Wer Übergewicht loswerden möchte, sollte am besten FdH probieren. Und verzichten sollte man auf jeden Fall auf

Fertiggerichte und Fast Food sowie alles, was zu viel Zucker enthält.

Gehen Sie regelmäßig zum Arzt?

Ja. Ich lasse jährlich ein großes Blutbild machen. Weitere Untersuchungen folgen nur in Verdachtsfällen.

Was halten Sie von der alternativen Medizin?

Das hängt von der Ausbildung eines Mediziners ab. Gegen den auf Naturheilkunde spezialisierten Arzt sowie den erfahrenen Heilpraktiker oder Homöopath ist nichts einzuwenden, solange man von eher harmlosen Krankheitssymptomen geplagt wird, die Schulmedizin nicht weiterhelfen kann und man möglichst wenig Chemie zu sich nehmen möchte. Von dubiosen Wunderheilern und Kurpfuschern ist generell abzuraten. Auch von Heilpraktikern, die ein paar Wochenendkurse absolviert haben.

Dann stehen Sie vermutlich auch der Chinesischen Medizin positiv gegenüber, oder?

Ja, vor allem der Akupunktur. Die ich allerdings noch nicht ausprobiert habe.

Sie sind jetzt über achtzig Jahre alt. Haben Sie schon mal über Pflege im Alter nachgedacht?

Nicht nur nachgedacht, sondern in die Tat umgesetzt. Ich wohne mit meiner Frau in einer alters-, behinderten- und umweltgerechten Eigentumswohnung. In einem sogenannten Wohnpark mit einem Quartiershaus, das mit Pflegekräften besetzt ist, die im Ernstfall für eine Pflege in den eigenen vier Wänden bereitstehen. Natürlich hofft man immer, niemals in diese Situation zu geraten. Aber ausschließen kann man das nicht. Was mir Sorgen bereitet, ist der Notstand beim Pflegepersonal. Die zunehmende Überlastung und noch dazu die miserable Bezahlung tragen nicht unbedingt zu einem Run auf diesen Job bei.

Das Verhältnis zwischen Arbeitsleistung und Einkommen ist völlig aus den Fugen geraten. Vor allem medizinisches Personal und Pflegekräfte werden mit lächerlichen Löhnen abgespeist und obendrein noch mit bürokratischem Terror überzogen. Überhaupt scheint sich unsere Arbeitswelt an einer völlig absurden Regel zu orientieren: Wer weniger schafft, der umso mehr rafft. Das erinnert mich an einen ehemaligen Bundespräsidenten, der nur kurz im Amt war, dafür aber sein Leben lang jährlich eine sechsstellige Pension kassiert. Armes Deutschland!

Denkt man in Ihrem Alter auch an den Tod?

Sagen wir es mal so: Man muss jeden Tag damit rechnen, gibt dem Gedanken daran aber wenig Spielraum. Ich jedenfalls beschäftige mich lieber mit dem Leben. Noch bin ich nicht bereit, den Löffel abzugeben. Worüber ich weit mehr nachdenke, sind die Kosten, die bei meinem irdischen Abgang in Rechnung gestellt werden. Nicht, dass das Geld nicht verfügbar wäre. Nein. Die Geschäftemacherei ist es, die mich stört, weil sie nicht einmal vor dem Tod zurückschreckt. Wozu braucht man zum Beispiel einen teuren Sarg, wenn die sterblichen Überreste mitsamt der Holzkiste als Asche in einer Urne landen?

Eine berechtigte Frage.

Schon deshalb beschäftige ich mich lieber mit dem Leben als mit dem Tod. Der kommt noch früh genug.

Blicken Sie zufrieden in die Vergangenheit zurück.

Gewiss. Aber nur hin und wieder. Vor allem interessiere ich mich für die Zukunft. Denn die habe ich noch vor mir.

Das Bildungswesen

Wenn wir jetzt zum Thema Bildungswesen übergehen, werden wir mit einem Bereich konfrontiert, der nicht gerade zum Jubeln Anlass gibt. Im internationalen Vergleich stehen wir jedenfalls nicht gut da. Woran liegt das?

Das Schulsystem allein kann es nicht sein.

Was ist es dann?

Ich denke, das fängt schon beim Elternhaus an. Wenn Sie sich die Privatschulen wie die Waldorfschulen ansehen, unterscheidet sich nicht nur die Pädagogik von der des staatlich geführten Systems. Ein wesentlicher Beitrag kommt auch von Seiten der Eltern.

Die Kinder sind deswegen doch nicht klüger.

Nein. Dafür aber kreativer. Was ihnen schwer fällt, ist der übliche Leistungsdruck, der vor allem in den Schulnoten zum Ausdruck kommt. Eine Vier oder Fünf für eine Klassenarbeit bedeutet ja nicht unbedingt, dass der Schüler oder die Schülerin zu viele Fehler gemacht, sondern vielleicht aus Zeitgründen nicht alle Aufgaben gelöst hat.

Sprechen Sie aus Erfahrung?

Ja. Ich kann mich kaum daran erinnern, rote Striche am Rand gehabt zu haben. Meistens stand am Ende der Hinweis, mit der Klassenarbeit nicht vollständig fertig geworden zu sein.

Sie waren also zu langsam.

Richtig. Aber gerade dieses Prinzip der Langsamkeit kam mir im späteren Berufsleben zugute.

Ich weiß, dass Sie als IT-Spezialist tätig waren. Aber muss es nicht gerade in diesem Beruf schnell gehen? Beim Computer muss doch alles schnell gehen.

Die Umsetzung durch die Programmierer schon. Aber nicht die Konzeption. So ein Projekt läuft im Durchschnitt etwa zwei Jahre. Ein Großteil dieser Zeit wird für Analyse, Grob- und Feinkonzept sowie Programmvorgaben benötigt. Und da spielt die Präzision und nicht das Tempo eine große Rolle.

Ich verstehe. Aber müsste sich dann nicht die ganze Schulbildung am späteren Berufsleben ausrichten?

Ja und nein. Nein, wenn es um den Grundschulunterricht geht. Jeder, ganz gleich, ob er eine staatliche oder private Grundschule besucht, sollte am Ende seines Lernprozesses zumindest mit der Rechtschreibung der deutschen Sprache und den vier Grundrechenarten zurechtkommen.

Dem würde ich zustimmen.

Vor allem die Werbung sollte nicht auch noch zur Verunsicherung der Schüler beitragen. Sätze wie ‚Er kann Kanzler‘ sind alles andere als hilfreich. Außerdem sollte neben der korrekten Satzbildung wie ‚Er kann Kanzler werden‘ auch das Kopfrechnen nicht vernachlässigt werden. Heute nehmen die meisten doch schon beim kleinen Einmaleins den Taschenrechner zu Hilfe.

Auch dem kann ich nicht widersprechen. Aber um noch mal auf meine Frage zurückzukommen. Was würden Sie mit ja beantworten?

Begrüßen würde ich die Ausrichtung der Schulbildung am späteren Berufsleben ab den Höheren Schulen. Allerdings nicht auf die Berufswahl bezogen. Die meisten Schüler wissen ja noch gar nicht, was sie später einmal werden möchten. Sondern auf die Vorbereitungen für das spätere Berufsleben gerichtet. Diese sollten in den Lehrplan aufgenommen werden. Wie schreibt man eine Bewerbung? Was gehört in einen Arbeitsvertrag? Was muss man über Steuern und Versicherungen wissen? Wie beantrage ich ein Bankkonto? usw.

Das wäre in der Tat sinnvoll.

Diejenigen, die sich statt für Realschule oder Gymnasium für eine Berufsausbildung entscheiden, begehen mit Sicherheit keinen Fehler. Handwerker oder Kaufleute werden immer gesucht. Und wem das auf Dauer zu wenig ist, der kann später immer noch ein Studium aufnehmen. Auf jeden Fall schließt diese praktisch orientierte Ausbildung die Vorbereitung auf das spätere Berufsleben gleich mit ein.

Viele Eltern drängen heutzutage darauf, dass ihre Kinder unbedingt studieren.

Entschuldigen Sie, wenn ich sarkastisch werde. Viele unter denen, noch dazu, wenn sie sich bei der Erziehung nicht gerade mit Ruhm bekleckert haben, erwarten von ihrem Nachwuchs das, was sie selbst versäumt bzw. nicht geschafft haben. Sollte dieser später dann scheitern, sind natürlich die Lehrkräfte an allem schuld.

Nicht alle tun das.

Ich sagte ja viele. Angesichts dieses Drucks, mit dem nicht jeder klarkommt, wundert es nicht, wenn manche ihr Studium abbrechen.

Wobei festzustellen ist, dass auch einige ihre Berufsausbildung hinschmeißen.

Das stimmt. Und das hat nicht immer mit der falschen Berufswahl zu tun. Da ist so mancher einfach zu faul zum Arbeiten.

Sie selbst haben nach Mittlerer Reife am Gymnasium und Höherer Handelsschule erst später während Ihrer Berufstätigkeit das Abi am Abendgymnasium nachgeholt. Wenn Sie Berichte über die heutigen Gymnasien lesen, was hat sich gegenüber früher verändert?

Vor allem die Inflation bei Spitzennoten. Bei uns in der Klasse gab es einen Einser-Abiturienten. Und das bei einer größeren Anzahl von Schülern mit einem überdurchschnittlichen Allgemeinwissen als dies derzeit der Fall ist. Dafür schmückt sich heute rund ein Drittel der Klasse mit der Note eins vor dem Komma.

Wollen Sie damit sagen, dass da was nicht stimmen kann?

Sie sagen es. Zumal ich eher eine Art digitaler Verblödung feststelle. Mag sein, dass die Schüler heute mehr pauken müssen. Hinzu kommt, dass sie über das Internet eine Menge an Informationen aufnehmen, die erst mal verarbeitet werden müssen. Im Endeffekt aber bleibt im völlig überfluteten Gehirn so gut wie nichts hängen. Das ist im

Grunde genommen nicht viel anders als in China, dessen Methoden bei uns kritisiert werden.

Wobei man dort wohl eher von Drill sprechen kann.

Mag sein. Aber die Chinesen setzen alles viel schneller um als wir. Die sind fleißig, ehrgeizig und neugierig. Und sie haben eine andere Mentalität als wir. Denken Sie nur mal an den Flughafenbau. Wir brauchen Jahre für einen Airport, die Chinesen ein Jahr für mehrere. Aber darüber wird natürlich geschwiegen.

Noch zum Abschluss. Finden Sie an unseren Hochschulen und Universitäten alles optimal gelöst?

Das kann ich ehrlich gesagt nicht beurteilen. Forschung und Lehre scheinen in einem angemessenen Verhältnis zu stehen. Suspekt ist mir einerseits die Promotion. Entweder hört man von der Willkür eines Doktorvaters oder vom Vorwurf eines Plagiats. Andererseits kann ich mit dem Numerus Clausus nichts anfangen. Wer den geschafft hat, wird zum Beispiel noch längst kein guter Arzt.

Die Kultur

Was das Thema Kultur betrifft, gibt es vielleicht weniger zu kritisieren. Oder sind Sie anderer Meinung?

Ich denke, eher Letzteres ist der Fall.

Dann beginnen wir doch mal mit der Literatur. Was gibt es da zu monieren?

Einiges. Mich stört allein schon der Begriff des Bestsellers. Viele Leser stürzen sich auf diese Bücher, weil sie unbedingt mitreden wollen. Ob sie sich dessen bewusst sind, dass es sich nicht um die bestgeschriebenen, sondern die meistverkauften Bücher handelt, entzieht sich meiner Kenntnis. Klar ist nur, dass sie den Mainstream bedienen. Zum Leidwesen mancher literarischen Entdeckung, die noch Qualität verspricht. Und schon sind wir wieder beim Otto-Normalverbraucher als eher anspruchslosem Leser gelandet. Denn Fakt ist, dass dieser die Bestseller-Autoren schon deshalb bevorzugt, weil sie meist Personen des öffentlichen Lebens sind. Da ist die Neugier größer als das Lesevergnügen. Und dass diese VIP obendrein noch Hochkonjunktur haben, was das Schreiben von eigenen Biografien angeht, kommt dieser Lesergruppe mehr als gelegen.

Der Otto-Normalverbraucher macht Ihnen ja mächtig zu schaffen.

Ja, leider. Bei den meisten vermisse ich den gesunden Menschenverstand. Und damit meine ich nicht nur die einfachen Leute. Oder die Jugend, der noch die nötige Reife fehlt. Auch Intelligenz und Alter schützen nicht vor Torheit.

Das klingt nicht gerade zuversichtlich.

Nein. Das ist es auch nicht. Der Verursacher der meisten Probleme in unserer Gesellschaft ist nun mal der Otto-Normalverbraucher. Was fehlt, ist die ordnende Hand, die ihn in die richtigen Bahnen lenkt. Und da steht neben Legislative und Exekutive vor allem die Judikative in der Pflicht, die in schöner Regelmäßigkeit versagt. Bildlich drücke ich es mit meinen Worten mal so aus: Beim Blick auf das Verhalten unserer Gesellschaft springt meine Stimmungsampel kontinuierlich von Grün auf Gelb. Beim Rechtsstaat steht sie konstant auf Rot.

Ihre Antipathie gegen den Rechtsstaat hatte ich fast vergessen. Können wir trotzdem zur Kultur zurückkehren? Was stört Sie sonst noch an der Literatur?

Die Krimiflut. Die Ermittler kann man gar nicht mehr zählen. Und das Ganze auch noch geballt in schier endlosen Serien. Man könnte meinen, die Leute lechzen geradezu nach Mord und Totschlag.

Aber nicht nur in Deutschland.

Natürlich nicht. In ganz Europa hat sich dieses Virus inzwischen ausgebreitet. Anders sieht es bei den Ratgebern aus. Da besitzen wir auf dem Kontinent so eine Art Monopol. Man kommt aus dem Staunen nicht heraus, für welche Selbstverständlichkeiten, aber auch Banalitäten Ratschläge erteilt werden.

Dann doch lieber Theater?

Ja. Früher einer meiner Lieblingsplätze.

Und heute?

Habe ich diese Leidenschaft ein wenig vernachlässigt. Aber ich gelobe Besserung. Das sogenannte Regietheater werde ich allerdings auch weiterhin meiden. Das dient eher der Verwirklichung des Regisseurs als der originalgetreuen Wiedergabe eines Theaterstücks.

Und wie sieht es mit dem Kabarett aus? Für einen, der Ironie und Sarkasmus liebt, doch eher ein Muss, oder?

Natürlich. Schade nur, dass die klassische Form des politischen Kabaretts ein Auslaufmodell zu sein scheint. Mit der heutigen Blödelei, die man als Comedy bezeichnet, kann ich nichts anfangen.

Mit den Bildenden Künsten auch nicht? Oder doch?

Das kommt darauf an. Die Alten Meister faszinieren mich nach wie vor. Mit der modernen Kunst hingegen tue ich mich schwer. Nicht, dass ich mich dem Neuen gegenüber verschließe. Da gibt es durchaus mutige Versuche. Man kann sogar von interessanten Objekten sowohl in der Malerei als auch in der Bildhauerei sprechen. Aber vieles ist mir zu abstrakt.

Apropos Alte Meister. Deren Gemälde werden heute zu utopischen Preisen gehandelt.

Wenn man bedenkt, dass die meisten dieser Künstler in Armut gestorben sind, ist das der reinste Irrsinn.

Das kommt auch heute noch vor.

Der Tod in Armut? Oder der Irrsinn?

Ich denke, beides.

Der Irrsinn auf jeden Fall. Heute scheffeln viele schon zu Lebzeiten Millionen. Die müssen nur zu Kultfiguren erhoben werden. Wobei ich bei der Betrachtung mancher ihrer Kunstobjekte eine Degeneration meiner Augen befürchte.

Dann ist Ihnen vermutlich auch die Architektur nicht ganz geheuer.

Da geht es mir ähnlich wie in der Kunst. Einige Schöpfungen lösen Bewunderung aus, andere eher Entsetzen.

Mich würde Letzteres interessieren.

Da gibt es etliche Bausünden. Neben geradezu einfallslosen, wenn nicht sogar hässlichen Zweckbauten fällt mir vor allem der zunehmende Gigantismus auf. So manche Stadt verliert ihr Flair, weil irgendwelche in die Höhe ragende Betonklötze das gewohnte Stadtbild verschandeln, während denkmalschutzwürdige Gebäude abgerissen werden.

Nicht jedes Denkmal lohnt den Erhalt. Was ja auch eine Kostenfrage ist.

Das ist richtig. Aber viele Altbauten müssen immer noch der Verkehrsinfrastruktur weichen. Dabei soll ja gerade der Autoverkehr aus der Stadt verbannt werden. Da fragt man sich schon, ob manches Hirn noch intakt ist.

Bleibt noch die Musik. Ist die wenigstens ein Lichtblick?

Ja und nein.

Was stört sie denn an der Musik?

Bei der Musik von heute der Lärm. Dies unterscheidet sie von der Klassik. Es gibt nichts Wohltuenderes, als den Vertonungen der klassischen Komponisten zu lauschen. Allein schon die Opernchöre sind eine Offenbarung.

Heißt das, Sie können der modernen Musik gar nichts abgewinnen?

Doch. Aber nur, wenn die Musik im Vordergrund steht und nicht der Lärm. Das hat vor allem mit den Verstärkern zu tun. Das Gebrüll ins Mikrofon ist alles andere als ein Musikgenuss. Dass es auch bei moderner Musik anders geht, zeigen die Musical-Inszenierungen ebenso wie die Konzertabende – ganz gleich, ob instrumental oder gesanglich mit Liedern, Chansons oder Gospels. Vor allem die bereits erwähnten Bands, die die Musikszene der Gegenwart beherrschen, gehen mir mit ihrem Gedröhne auf die Nerven – von den meist ausflippenden Besuchermassen mal abgesehen. Bei den jugendlichen Kopfhörer-Trägern scheint dieser Lärm eher das Gegenteil zu bewirken. Inwieweit das nicht nur den Ohren, sondern auch dem Hirn schadet, lasse ich an dieser Stelle mal offen.

Die Medien

Welches Medium nutzen Sie am liebsten?

Das kommt darauf an, welchen Zweck ich verfolge. Wenn ich Näheres aus der Region erfahren möchte, lese ich die Tageszeitung. Wenn ich Informationen zu bestimmten Themen suche, schau ich ins Internet. Und wenn ich die neuesten Nachrichten ganz allgemein erfahren möchte, schalte ich den Fernseher ein.

Was gefällt Ihnen an der freien Presse, zu der ja auch Ihre Tageszeitung gehört?

Die wahrheitsgemäße Berichterstattung. Dazu gehören kritische Kommentare, aufschlussreiche Interviews und die Vermittlung von Hintergrundwissen. Ergänzt wird das Ganze um Fotos und grafische Darstellungen.

Gibt es auch etwas zu bemängeln?

Die leider häufigen Druckfehler, von denen selbst Überschriften nicht verschont bleiben. Was mich bei der heute zum Einsatz kommenden Textverarbeitung mit Rechtschreibhilfe samt farblicher Fehlerkennzeichnung schon etwas erstaunt.

Und wie stehen Sie zur Boulevard-Presse?

Eher negativ. Die Berichterstattung zielt fast ausschließlich auf die Befriedigung der Sensationsgier. Allein die auffällige Aufmachung dient dazu, die naive und kritiklose Leserschaft ebenso anzulocken wie die intellektuell retardierte.

Wie beurteilen Sie die Qualität des Internets?

Ich genieße das Internet mit größter Vorsicht. Von Vorteil ist sicherlich das schnelle Auffinden von Informationen aller Art. Man muss halt nur seriöse Quellen von unseriösen unterscheiden können. Von Nachteil ist die ständige Belästigung durch das Einblenden von Werbeaktionen, Update-Ankündigungen und Sicherheitswarnungen. Ebenso die zunehmenden Versuche, den Anwender mit Spam-Mails und fingierten Webseiten finanziell zu schädigen oder dessen Rechner mit Cyber-Attacken lahmzulegen. Und nicht zuletzt die Hetzkampagnen und Hasskommentare in den Sozialen Medien. China reagiert hier genau richtig, indem es diesen Kanälen einfach den Hahn zudreht.

Was, außer den Nachrichten, gefällt Ihnen besonders am öffentlich-rechtlichen Fernsehen?

Ich begrüße die Magazine, die stets aufs Neue irgendwelche Schweinereien aufdecken. Ferner Live-Sendungen in meinen Lieblingssportarten Fußball und Tennis sowie Reiseberichte aus dem In- und Ausland. Ansonsten halte ich den laufend aktualisierten Bildschirmtext für eine optimale Informationsquelle.

Und was stört Sie?

Zum einen jede sich über längere Zeit erstreckende Berichterstattung von Ereignissen, die den Zuschauer offenbar nicht loslassen können. Ich denke da zum Beispiel an die Reportagen über die europäischen Königshäuser. Zum anderen die einseitigen Meldungen über Ereignisse in bestimmten Regionen. Im Konflikt zwischen China und den Uiguren erfährt man nichts über die Hintergründe für Chinas Handeln. Die tun das doch nicht, weil ihnen deren Gesichter nicht gefallen. Ähnliches gilt für die Raketenangriffe der Palästinenser auf Israel. Dass deren Verdrängung aus dem Ostteil Jerusalems ebenso wie der Siedlungsbau im Westjordanland der Auslöser sind, wird einfach verschwiegen. Die größte Schweinerei ist, dass die EU den Staat Israel für dieses Verhalten seit Jahren nicht zur Rechenschaft ziehen kann, weil sie von den Deutschen daran gehindert wird. Was mich sonst noch nervt, ist das endlose Gelaber in Sport- und Talksendungen sowie der in der Medikamentenwerbung ständig heruntergeleierte Satz: Zu Risiken und Nebenwirkungen lesen Sie die Packungsbeilage und fragen Sie Ihren Arzt oder Apotheker. Die Macher dieses Unsinns sollten vielleicht mal ihren Psychiater fragen. Nur ein Idiot schluckt irgendwelche Medikamente, ohne sich über den Nutzen zu informieren. Und was die Packungsbeilagen betrifft, steht selbst einer, der lesen kann, aber keine medizinische Ausbildung genossen hat, wie ein Ochse vor dem Berge.

Bleibt noch das Privat-Fernsehen. Wie stehen Sie dazu?

Ebenfalls negativ. Abgesehen von den laufenden Werbeunterbrechungen rund um die Uhr missfallen mir die vielen amerikanischen Serien, die sich vor allem durch Action und Gewalt auszeichnen. Da wird gejagt und geballert, dass einem schwindlig wird. Von anspruchsvoller Unterhaltung keine Spur. Und als ob das nicht schon schlimm genug wäre, dürfen sich die Betrachter auch noch an perversen Show-Formaten wie dem Dschungel-Camp ergötzen. Da kann einem in der Tat übel werden.

Der Tourismus

Wenn wir jetzt, wie bereits angekündigt, auf den Tourismus näher eingehen, dann ist doch wohl eine Variante besonders kritisch zu sehen: Der Massentourismus. Die Einstellung von Charterflügen und Kreuzfahrten hatten Sie ja schon erwähnt und mit Rücksicht auf den Klimawandel auch gefordert. Wie verkauft man das dem Otto-Normalverbraucher?

Großartig verkaufen muss man das gar nicht. Denn die Zielgruppen lassen sich sehr schnell feststellen. Die Charterflüge fallen zu einem Großteil in die Gruppe der jüngeren Generation. Und die Kreuzfahrten in die der Senioren und Seniorinnen.

O.k. Aber auch denen muss man ja erst mal mit Argumenten begegnen.

Das ist kaum nötig. Die jüngere Generation ist ja genau die Gruppierung, die mit Fridays for Future einen Wandel in der Klimapolitik fordert. Und wenn sie dies schon tut, muss sie natürlich mit gutem Beispiel vorangehen. Dann stehen nicht nur die Senioren und Seniorinnen, sondern auch die den Wandel Fordernden in der Pflicht. Und da wäre nichts einfacher, als zu allererst die billigen Charterflüge einzustellen. Ich sehe keinen Sinn darin, Kreti und Pleti in alle Welt zu karren, nur um deren Vergnügungssucht zu befriedigen. Dass damit der Massentourismus reduziert würde, weil die ersatzweisen Linienflüge in eine andere Preiskategorie fallen, wäre ein Segen für unseren Planeten.

Und welche Begründung haben Sie für die ältere Generation?

Dass sie auf Kreuzfahrten wohl bald verzichten muss, weil die Anlaufhäfen den Schiffen die Hafeneinfahrt verweigern werden. Die Gründe hatte ich ja bereits erwähnt. Einige Hafenstädte beginnen ja bereits damit, die Anzahl der schwimmenden Hochhäuser wenigstens vorübergehend zu reduzieren, soweit es die Genehmigung zum Anlegen im Hafen betrifft.

Das komplette Aussperren werden die Anbieter von Kreuzfahrten ebenso wie die an den Reisen interessierten Senioren und Seniorinnen nicht so ohne weiteres hinnehmen.

Das werden sie wohl hinnehmen müssen, wenn die Klimakatastrophe verhindert werden soll. Vor allem werden die Jungen nicht bereit sein, den Charterflugverkehr abzuschaffen, solange die Alten auf ihren Reisegewohnheiten beharren. Und nach dem Motto: ‚Nach mir die Sintflut‘ können Letztere erst recht nicht verfahren, wenn sie einen Generationenkonflikt vermeiden wollen.

Ihr Wort in Gottes Ohr.

Machen wir uns doch nichts vor. Mit Charterflügen weit entfernte Festlandsregionen und Inseln anzusteuern, um sich auf völlig überlaufenen Stränden wiederzufinden, ist doch nicht der Sinn des Reisens. Am Strand liegen kann man dank der Klimaerwärmung auch bei uns an Nord- und Ostsee. Von dem überflüssigen Sauf- und Spaßtourismus will ich hier gar nicht erst sprechen. Ähnliches gilt für die Passagiere von Kreuzfahrtschiffen, die in den angelaufenen Hafenstädten lediglich die Straßen verstopfen, nur um ein paar Selfies zu machen. Denn Geld hinterlassen die dort eh nicht. Diese Art von Tourismus ist alles andere als ein Beitrag zum Klimawandel und zur Völkerverständigung. Und genau dieses Kennenlernen und Verstehen anderer Kulturen ist ja der Sinn und Zweck globaler Reisetätigkeit.

Also gut. Wenigstens ließe sich der Massentourismus mit diesen Maßnahmen ein wenig eindämmen. Denn bei den Charterflugzeugen kann man längst von Geschwadern und bei den Kreuzfahrtschiffen von Flotten sprechen. Welche Art von Tourismus halten Sie noch für weitgehend überflüssig?

Den Film-, Vergnügungs- und Eventtourismus. Der Besuch von Drehorten, Amüsiermeilen und Großveranstaltungen ist vor allem dann nicht vertretbar, wenn hunderte oder gar tausende Kilometer dafür zurückgelegt werden müssen. Anders sieht es beim Sporttourismus aus. Zumindest Bergsteigen und Ski alpin geht nur im Hochgebirge, Surfen und Segeln auf hohen Wellen nur am Meer.

Während Baden, Wandern, Klettern, Gleitschirmfliegen oder Skilanglauf auch in der Heimat möglich ist.

So ist es. Was Rucksacktouristen, Reisegruppen und Erholung suchende Singles, Paare und Familien angeht, können diese generell als umweltfreundlich betrachtet werden, wenn sie mit Fahrrad, elektrisch angetriebenem Pkw, Bus oder Zug bzw. umweltschonendem Linienflieger anreisen und sich auf einem Zelt- bzw. Campingplatz oder in einer klimaneutralen Ferienwohnung, Pension oder Hotelanlage einquartieren.

Das heißt: Mit dem nötigen Willen ließe sich die Klimakatastrophe durchaus noch verhindern oder zumindest hinausziehen.

Ja. Aber ich bin mir nicht sicher, ob die Menschheit inzwischen kapiert hat, dass es längst fünf nach zwölf ist. Vor allem bei den deutschen Reiseweltmeistern bezweifle ich das in höchstem Maße. Die Corona-Pandemie war ja noch voll im Gange, als es für viele unserer Landsleute nach den ersten Lockerungen kein Halten mehr gab. Eine derartige Reisehysterie hat es selbst während des Wirtschaftswunders nach dem Zweiten Weltkrieg nicht gegeben.

Der Sport

Gibt es aus Ihrer Sicht kritische Anmerkungen zum Sport?

Ganz bestimmt.

Beginnen wir am besten mit dem Volkssport Nummer eins, dem Fußball.

Am Amateurbereich habe ich nichts auszusetzen. Bei den Profis sieht es schon ganz anders aus. Da stört mich eine ganze Menge.

Was zum Beispiel?

Ablösesummen und Spielergehälter. Da werden inzwischen Dimensionen erreicht, die nicht mehr als normal bezeichnet werden können. Nehmen wir nur mal eine Verantwortung tragende Führungskraft in einem mittelständischen Unternehmen mit ein paar hundert Mitarbeitern. Die bezieht ein Jahresgehalt, das sich im unteren sechsstelligen Bereich bewegt. Ein auf dem Rasen hin und her rennender Kicker kassiert hingegen Millionen, selbst wenn er mehr Zeit auf der Ersatzbank als auf dem Platz verbringt. Da stimmt doch das gesamte Preis-/Leistungssystem nicht mehr. Von den zig Millionen bei Ablösesummen ganz zu schweigen.

Unterhaltung ist eben alles.

Sie sagen es. Dafür wird beim medizinischen und beim Pflegepersonal umso mehr gespart. Zugleich wären wir bei demjenigen Otto-Normalverbraucher angelangt, der über zu wenig Geld klagt, aber zu viel für den Fußball ausgibt.

Der zahlt nicht nur die Eintrittskarte fürs Stadion, sondern kauft auch noch die Vereinsklamotten und fährt obendrein mit zu den Auswärtsspielen.

Was stört Sie noch?

Die friedliche, aber dicht gedrängte Menschenmasse auf der einen, der Pyrotechnik zündende und nicht selten randalierende Mob auf der anderen Seite. Bei Letzterem außerdem das idiotische Verhalten gegenüber den zunehmend dunkelhäutigen Spielern. Gehören sie zum eigenen Verein, genießen sie Kultstatus. Sind sie Teil des Gegners, werden sie verhöhnt und rassistisch beleidigt.

Das ist in der Tat verrückt. Aber ändert das was an Ihrer Fußballleidenschaft?

Nein. Aber ich gebe auch kein Geld dafür aus. Die Spiele im öffentlich-rechtlichen Fernsehen anzuschauen kostet mich nichts. Gebühren muss ich so oder so zahlen. Und Bezahlfernsehen kommt für mich ebenso wenig infrage wie Besuche im Stadion.

Zuhause im Sessel zu sitzen ist ja auch bequemer.

Korrekt. Und wenn mir das Gebrüll auf den Rängen zu laut und das Quasseln des Reporters zu viel wird, mache ich es wie die Chinesen. Ich schalte den Ton einfach ab.

Sie nannten neben dem Fußball noch das Tennisspiel als Lieblingssportart. Würden Sie dafür Geld ausgeben?

Schon eher als für den Fußball. Das große Geld verdienen nur diejenigen Spieler und Spielerinnen, die in der Weltrangliste oben stehen. Um das zu erreichen, müssen sie in einem Turnier nicht nur weit kommen, sondern möglichst viele Turniere gewinnen. Und nur dann können sie neben den Preisgeldern auch noch mit Werbeeinnahmen rechnen. Dieses Geld brauchen sie schon allein, um ihren Trainer und das medizinische Personal bezahlen zu können. Das ist ein harter Job. Vor allem, wenn man bedenkt, dass sie während einer oft Stunden dauernden Partie ganz allein auf sich gestellt sind.

Wenn ich mich recht erinnere, haben Sie früher nicht nur selbst Tennis gespielt, sondern sind auch viel Rad gefahren.

Ja. Aber der Profi-Radsport hat mich ehrlich gesagt nie interessiert. Die Tatsache, dass die Erfolgsabhängigkeit bei Radrennen nicht nur vom Material, sondern auch von der Rennstallorder abhängt – ich denke da nur an die Wasserträger, schreckt mich ab. Von den immer wieder festgestellten Dopingvergehen ganz zu schweigen. Hinzu kommt, dass nicht selten ein paar Verrückte den Fahrern in die Quere kommen, was zu Zeitverlusten oder gar Unfällen führt.

Mit dem Motorsport haben Sie vermutlich gleich gar nichts am Hut. Ihnen macht ja schon der Straßenverkehr zu schaffen.

Das stimmt. Ich kann die Hysterie an den Rennstrecken überhaupt nicht nachvollziehen. Von der Luftverpestung einmal abgesehen, gehen mir allein schon die Raserei und der Motorenlärm auf die Nerven. Was die Erfolgsaussichten der Fahrer betrifft, hängt hier erst recht sehr viel vom Material ab. Und beim Blick auf die Zuschauermassen habe ich manchmal das Gefühl, die warten nur darauf, dass es ab und zu einen ordentlichen Crash gibt.

Gibt es überhaupt noch irgendwelche Sportarten, mit denen Sie etwas anfangen können?

Eigentlich nur den Ballsport. Außer Fußball verfolge ich gelegentlich noch Spiele im Handball. Und neben Tennis habe ich eine Zeit lang Tischtennis gespielt.

Auf dem Wasser oder in der Luft sind Sie wohl nie aktiv gewesen? Ich denke an Surfen oder Segeln, an Gleitschirm- oder Segelfliegen.

Weder, noch. Ich kann ja nicht mal schwimmen. Und was die Sportfliegerei angeht, hänge ich wohl zu sehr an meinem Leben.

Wie sieht es mit Boxen, Fechten oder Reiten aus?

Das reizt mich weder aktiv noch passiv. Der Boxsport ist mir zu brutal. Erst gibt es die alberne Show, dann die Prügelorgie. Was die Zuschauer an dem Sport finden, kann ich nicht verstehen. Und mit Degen oder Säbel herumzufuchteln, ist auch nicht mein Ding. Vielleicht wäre ich auch viel zu ungeschickt, um mit den Dingern umgehen zu können.

Und der Ritt auf einem Pferd?

Undenkbar.

Ein Ritt durch die Natur ist für manche Leute ein schöneres Erlebnis als das Trampeln auf einem Drahtesel.

Mag sein. Meine Frau konnte man damit beglücken. Für mich wäre schon das Sitzen im Sattel eine Strapaze.

Aktiv nichts. Ich fühle mich weder auf Skiern noch auf Schlittschuhen wohl. Und beim Schießen gut zielen kann ich auch nicht. Selbst im Ruhezustand nicht.

Haben Sie es mal probiert? Ich meine das Schießen.

Ja. Und es war nicht von Erfolg gekrönt.

Und passiv? Welche Art von Wintersport würden Sie sich noch am ehesten anschauen?

Auf jeden Fall Eishockey. Ich bewundere die Spieler, die sich nicht nur sicher auf den Kufen bewegen, sondern auch den Umgang mit dem Puck beherrschen. Das Skispringen hat ebenfalls seinen Reiz. Ich frage mich jedes Mal, wie die Typen es schaffen, von der Sprungschanze so abzuheben, dass sie unverletzt unten ankommen. Vom alpinen Skisport hingegen halte ich schon wegen der Umweltzerstörung durch den Pistenbau nichts. Außerdem ergibt die ganze Raserei die Hänge hinab für mich keinen Sinn. Mir reicht schon die Raserei auf den Straßen. Noch idiotischer ist das Verlassen der Sicherheitszonen mit drohender Lawinengefahr. Aber irgendwie brauchen die Leute wohl den Kick. Dass ihnen dieser zum Verhängnis werden könnte, wird einfach ausgeblendet. Von der Rücksichtslosigkeit gegenüber den Bergrettern ganz zu schweigen.

Die Tierhaltung

Kommen wir zu den Tieren. Ich weiß, dass Sie nichts gegen Tiere, aber gegen Haustiere haben. Warum eigentlich?

Nehmen wir zum Beispiel nur mal den Hund. Da ist ja nicht immer der Vierbeiner, sondern der ihn haltende Zweibeiner das Problem. Wie bei der Kindererziehung haben die meisten Leute auch von der Haltung eines Hundes null Ahnung.

Und Sie meinen, die sollten dann lieber die Finger davon lassen?

Ja. Ein Hund ist nämlich kein Spielzeug, sondern ein Lebewesen, das außerdem viel Bewegung braucht. Ein Haus mit Garten ist dafür eher geeignet als eine Wohnung.

Bei Haltung in der Wohnung muss der Hund eben öfter ausgeführt werden.

Was viele nicht tun, weil sie selbst zum Laufen zu faul sind. Und diejenigen, die es tun, kümmern sich nur selten um die Hinterlassenschaften ihrer Vierbeiner. Sie können es drehen und wenden wie Sie wollen. Das Problem hängt immer am anderen Ende der Leine. Auch was die Belästigung der Nachbarschaft angeht.

Sie meinen häufiges Bellen?

Ja. Wobei das Bellen noch harmlos ist. Das ist eben der Unterschied zwischen Hunden und Kötern. Hunde bellen, Köter kläffen. Und genau diese längst in der Überzahl befindlichen Köter gefährden den Nachbarschaftsfrieden.

Die machen zumindest keinen Lärm. Katzen haben leider die Angewohnheit, ihre Notdurft auf fremden Grundstücken zu hinterlassen. Und was ihren Jagdinstinkt betrifft, sind sie zunehmend hinter Jungvögeln statt hinter Mäusen her. Die Haltung anderer Tiere hingegen ist für mich nicht immer nachvollziehbar.

Welche Tiere meinen Sie?

Zum Beispiel Exoten wie Leguane oder Giftschlangen. Oder Tiere, deren Unterbringung auf engstem Raum eher an Tierquälerei erinnert. Etwa Vögel, die in einer Voliere kaum Platz zum Fliegen haben. Oder Fische, die in einem Aquarium nur kleine Runden drehen können. Nicht selten ist aber auch eine Verwahrlosung von Tieren zu beobachten. Ebenso eine Vermenschlichung durch Einkleidung oder eine Verwandlung in Bestien. Der Einfallsreichtum beim Umgang mit Tieren ist mancherorts an Perversität kaum noch zu überbieten.

Unter dem Strich würden Sie am liebsten wohl alle Tiere in freier Natur oder höchstens noch in einem Zoo oder einem Tierpark erleben. Auch einen Großteil der Haustiere?

O ja. Und ich denke, dass sich auch die auf Volksfesten und im Zirkus zum Einsatz kommenden Tiere nicht wohlfühlen, weil sie von Natur aus die Menschenmassen scheuen.

Das Wild, das für den Verzehr gejagt wird, lebt ja in freier Natur. Für die gezüchteten und ebenfalls für den Verzehr bestimmten Nutz-

tiere ist dies nicht möglich. Finden Sie die Haltung dieser Tiere in der Landwirtschaft angemessen oder könnte einiges verbessert werden?

Natürlich könnte manches noch verbessert werden. Gerade die Massentierhaltung lässt viel zu wünschen übrig. Sowohl Geflügel als auch Kühe und Schweine müssen oft auf engstem Raum zusammengepfercht ihr Dasein fristen. Nicht selten verenden viele Tiere nach einem qualvollen Leben. Ebenso skandalös finde ich die Tatsache, dass immer wieder Schweinereien in der Fleischverarbeitung entdeckt werden, weil die Verantwortlichen den Hals nicht voll kriegen.

Was den Otto-Normalverbraucher am härtesten trifft.

Der aber bei der Tierquälerei wiederum Zurückhaltung übt.

Inwiefern?

Er verspeist zum Beispiel Meerestiere, die lebend verarbeitet werden. Er isst billiges Fleisch von Tieren, die bei langen Transporten Torturen über sich ergehen lassen mussten. Er kauft nach wie vor Produkte, deren Entwicklung auf Laborversuchen mit Tieren beruht. Und er sorgt selbst dafür, dass infolge seiner Raserei auf den Straßen so manches Tier sein Leben verliert.

In China ist der Umgang mit Tieren noch viel extremer.

Was bei uns in Europa ja auch ständig kritisiert wird. Aber wie so oft wird auch in diesem Fall mit zweierlei Maß gemessen. Denn unser Verhalten zu Tieren ist auch nicht normal. Vor allem Halter von Angstkläffern scheinen im Umgang mit ihrem Köter besser zurechtzukommen, als dies mit Menschen jemals möglich wäre.

Die Umwelt

Gehen wir abschließend noch auf die Umwelt ein. Da wird der Otto-Normalverbraucher wohl besonders viel Kritik einstecken müssen.

Nicht nur er. Auch Politik und Wirtschaft müssen mit etlichen Vorwürfen rechnen.

Beginnen wir mit Grund und Boden. Was sind da die größten von der Menschheit verursachten Schäden?

Zunächst mal sollte man das unterteilen.

Was heißt das?

Es gibt zwei Schwerpunkte: Die Bodenversiegelung und die Bodenverunreinigung. Erstere betrifft das Zubetonieren der Landschaft. Hier sollte ein Gang zurückgeschaltet werden. Das heißt, dass zunächst mal der Bau von Villen, Ein- und Zweifamilienhäusern, Doppelhaushälften und Reihenhäusern eingeschränkt werden sollte, um an deren Stelle Mehrfamilienhäuser zu errichten. Als nächstes müsste der Bau von neuen Straßen und Autobahnen für den Fernverkehr eingestellt werden, zumal eine zunehmende Verlagerung des Personen- und Güterverkehrs von der Straße auf die Schiene vorgesehen ist. Und nicht zuletzt sollten im Wohnungs- und Straßenbau ebenso wie bei der Ansiedlung von Handel und Industrie bereits versiegelte Flächen einer Neunutzung zugeführt werden. Es kann nicht sein, dass immer mehr Land asphaltiert wird, während bereits versiegelte, aber brachliegende Flächen ungenutzt bleiben.

Und wie stellen Sie sich eine Verhinderung bzw. Beseitigung der Bodenverunreinigung vor?

Einerseits durch das Verbot künftiger Verschmutzung unter Androhung hoher Strafzahlungen bei Zuwiderhandlungen. Andererseits durch den Einsatz erheblicher finanzieller Mittel zur Beseitigung der in der Vergangenheit angerichteten Schäden. Hierzu gehören die Müllentsorgung an unzulässigen Plätzen, das achtlose Wegwerfen von Plastik und Medikamenten, der Austritt von Giftstoffen aus undichten Fässern bzw. von Öl aus Fahrzeugwracks sowie das Ablassen von Kerosin aus Flugzeugen.

Wenn wir von Grund und Boden sprechen, sind ja auch Feld und Wald betroffen. Was kann dort getan werden, um dem Klimawandel etwas entgegenzusetzen.

Zunächst mal könnte beim Ackerbau eine Menge getan werden. Man weiß längst, dass der Anbau von Monokulturen nicht die Ideallösung ist. Der landwirtschaftlich genutzte Boden benötigt Abwechslung. Auch der Einsatz von Pestiziden schadet ihm mehr, als dass er der Ernte nützt.

Und wie sieht es bei den Wäldern aus?

Wenn mit klimaneutralem Brennstoff betriebene Fahrzeuge in Zukunft weniger Abgase in die Luft blasen, wird dies ein Gewinn für den Wald sein. Das gilt auch für das Unterlassen von unnötigen Rodungen. Brände hingegen können nie ganz ausgeschlossen werden, ließen sich aber durch korrektes Verhalten der Waldbesucher weitgehend vermeiden. Vor allem sollten keine Glasscherben oder noch brennenden Zigarettenkippen auf den Waldboden geworfen und schon gar keine Grillfeste im Wald veranstaltet werden. Bei Zuwiderhandlungen sowie gezielter Brandstiftung sollte nach den Tätern ernsthafter gefahndet werden als bisher.

Und bei Ermittlungserfolg härter bestraft werden als bisher.

Was ich bei unserer auf einem Auge blinden Justiz ernsthaft bezweifle. Und genau dieses Wissen, dass mit den Tätern eher milde umgegangen wird, hält die ermittelnden Beamten von konsequenter Verfolgung ab.

Unseren Wäldern droht natürlich auch anderweitig Gefahr. Ich denke nur an die Launen der Natur.

Bei schwerem Orkan oder massenhaftem Schädlingsbefall ist der Mensch zwar macht-, aber nicht hilflos. Um solchen Ereignissen vorzubeugen, bietet sich auch hier eine Abkehr von Monokulturen an. Vor allem ist neben dem Mischwald die Anpflanzung von Baumarten sinnvoll, die widerstandsfähiger gegen Unwetterereignisse und Schädlingsbefall sind.

Wie ist die Lage bei den Gewässern?

Auch hier gibt es eine Unterscheidung von Wasserverschwendung und Wasserverunreinigung. Unter Ersterem ist der leichtfertige Verbrauch von Wasser zu verstehen. Wenn man bedenkt, dass die weltweiten Reserven dieses kostbaren Gutes immer knapper werden, ist es kaum noch nachvollziehbar, warum Leute täglich unter der Dusche stehen oder Golfplätze den ganzen Sommer über bewässert werden müssen.

Und was ist mit Letzterem?

Da sieht es gar nicht gut aus. Erstens löst sich weggeworfene Plastik in Mikroplastik auf, die bei der Nahrungsaufnahme der im Wasser lebenden Tiere in deren Körper landet und auf Dauer gesundheitlichen Schaden anrichtet.

Zweitens lassen Schiffe die Fäkalien ihrer Besatzungsmitglieder und Passagiere im Wasser ab, was alles andere als hygienisch ist. Drittens treten nach Havarien auf Gewässern bei Gefahrguttransporten Giftstoffe bzw. bei Tankern Öl aus, was Katastrophen nicht nur im Wasser, sondern auch bei den Anrainern auslöst. Und nicht zuletzt wird jede Menge für den Wertstoffhof bestimmter Müll im Wasser versenkt, der auf dem Grund vor sich hin rostet.

Ich denke, auch die Luftverschmutzung dürfte es in sich haben.

So ist es. Dafür sorgen zumindest bis heute sowohl der Luft- und Straßenverkehr als auch Industrieanlagen und Kohlekraftwerke. Aber das könnte sich ja schon in naher Zukunft ändern, wenn im Verkehr und in der Wirtschaft saubere Energien zum Einsatz kommen. Es muss nur konsequent gehandelt werden.

Der Klimawandel sorgt auch in anderen Bereichen für Missstände. Ich denke an die Verschwendung von Ressourcen, die bewusste Müllproduktion und das Artensterben.

Bei den immer knapper werdenden Ressourcen wurde gewaltiger Raubbau betrieben. Ich denke vor allem an die fossilen Brennstoffe, die schon des zunehmenden Mangels wegen durch klimaneutrale Energieträger ersetzt werden müssen. Aber auch beim Abbau anderer Bodenschätze wurde aus dem Vollen geschöpft. Wenn auch die Verschwendung der sogenannten Seltenen Erden eingedämmt werden soll, wird es höchste Zeit, den ständigen Austausch elektronischer Geräte zu unterbinden.

Was sagen Sie zur bewussten Müllproduktion? Denn nichts anderes verbirgt sich ja hinter der Herstellung von Verpackungsmaterial.

Hier muss rigoros gehandelt werden. Bis in die Zeit nach dem Zweiten Weltkrieg wurde die Milch in eine mitgebrachte Kanne geschüttet. Auch Obst und Gemüse landeten im eigenen Korb. Mehl und Zucker wurden in Papiertüten gefüllt, Fleisch und Wurst sowie Käse in Papierblätter gewickelt. Neue Gerätschaften zum Beispiel für den Haushalt wurden in Stoffbeuteln verstaut. So ging es immer weiter. Und alles konnte jederzeit wiederverwendet werden.

Wobei uns ja nicht nur die Kunststoffverpackungen und Wegwerfartikel wie Plastikgeschirr zu schaffen machen. Das Entsorgen abgelaufener Lebensmittel gehört schließlich auch dazu.

Das ist ein typisch deutsches Dilemma. Statt die noch genießbaren Lebensmittel zu spenden, landen sie im Müll. Und wenn es einer wagt, diesen Müll aus den Tonnen zu holen, dann begeht er eine Straftat. Hier zeigt sich die Lächerlichkeit und Absurdität unseres Rechtsstaats. Solche Gesetze können nur dem Hirn nicht mehr ganz zurechnungsfähiger Juristen entstammen. Wie hat meine Mutter immer gesagt. Das sind die Totengräber der Nation.

Ihre Abneigung gegen den Rechtsstaat scheinen Sie wohl geerbt zu haben?

Mein Großvater mütterlicherseits war noch viel allergischer.

Bleibt am Ende noch das Artensterben.

Die Umweltverschmutzung ist hier nicht das einzige Problem. Die Vertreibung aus angestammten Revieren trägt ebenso zum Artensterben bei wie die Unterbrechung der Nahrungskette. Jagdfrevel und Überfischung tun ein Übriges.

Nun sind all die Übeltaten zum Nachteil unserer Umwelt nicht allein ein deutsches und auch kein europäisches Problem. Weltweit wird gegen die drohende Klimakatastrophe zu wenig unternommen. Das gilt auch und besonders für China, dessen gigantisches Wachstum zu einem nicht unerheblichen Teil auf Kosten der Umwelt stattfindet.

Das ist richtig. Aber während gerade wir hier in Europa und in Nordamerika schon seit langem nicht mehr im Wohlstand, sondern eindeutig im Überfluss schwelgen, hatte China einen riesigen Nachholbedarf zu bewältigen, was natürlich auch zu Lasten der Umwelt erfolgte. Wenn dort jedoch Probleme, gleich welcher Art, erkannt werden, wird sofort gegengesteuert. Und zwar ohne langes Palavern. Und wer es dann wagt, aus der Reihe zu tanzen und sich nicht an die Vorgaben zu halten, ja die Durchführung erforderlicher Maßnahmen gar zu behindern, muss mit ernsthaften Konsequenzen rechnen. Und die haben es in sich. Dagegen ist unser Rechtsstaat ein zahnloser Tiger.